コミュニティ防災人材育成システム
MUSUBOU

コミュニティ防災
人材育成プログラム入門

三田村宗樹・重松孝昌・生田英輔・吉田大介・増田裕子 [著]

UReC

大阪公立大学 都市科学・防災研究センター

目　次

はじめに

　地震、津波、台風、洪水、火山噴火、土砂災害など他国に比べると災害の多い日本で暮らし続けるには、災害を学び、適切な準備をしておくことが必須です。

　国、自治体は災害に関する先進的な研究から、地域の防災活動の支援、防災教育、発災時の対応、復興まで多くの人員と予算を投入しているものの、災害はその都度様相を変えて社会を襲い、社会もまた常に変化し続けるなかで、新たな対応を強いられています。また、厳しい財政状況から予算は削減され、人口当たりの公的機関職員数も諸外国に比べ低い水準です。近い将来の発生が懸念される南海トラフ地震のような巨大災害にどの程度対応できるのか、住民の不安は大きいです。

　このような状況を踏まえ、自助・共助・公助の促進と役割分担が謳われ、各地で防災条例の制定などが広がっています。国の調査でも国民の公助への期待が減り、自助・共助・公助をバランスよく進めていくことが重要であると認識されています。しかしながら、社会のあり方が大きく変わった令和の時代において、市民や企業が担う自助・共助はどこまで進んでいるのか、それは災害時に本当に力を発揮できるのでしょうか。

　行政機関や自治会役員の方にお話を聞くと、どこも「担い手の高齢化」「つながりの希薄化」などが課題としてあげられます。自治会加入促進などの取り組みもありますが、抜本的な解決策はまだまだ模索中です。一方で、阪神・淡路大震災以降、ボランティア活動や特定非営利活動法人（NPO）などの仕組みが広がり、積極的に活動しています。従来の地縁組織とも行政組織とも異なるコミュニティが増えています。

　また、タワーマンションに代表されるような集合住宅も増加傾向にあります。1つのマンションができて町会の世帯数が数百増えたということもあるそうです。しかしながら、従来の戸建住宅中心のコミュニティと集合住宅のコミュニティがうまく連携できていないこともあります。

2

では、これらの新たなコミュニティが防災・減災に関心がないのかというと、そのようなことはありません。頻発している災害を踏まえ、それぞれのコミュニティでも防災・災害への関心は高く、それぞれのコミュニティの特性を活かした活動に取り組んでいます。

多様なコミュニティが防災・減災へ意識が向いているにもかかわらず、ばらばらに活動しているのはもったいない、これらのコミュニティが連携すれば、課題の山積する地域防災活動に風穴をあけられるのではないか、このような思いから「コミュニティ防災人材育成プログラム」はスタートしました。

コミュニティ防災人材は従来型のリーダー人材とはやや志向が異なり、自身のスキル向上に加えて、コミュニティのメンバーの防災活動への関与を後押しし、他のコミュニティとの橋渡し役を担ってもらうことを期待しています。災害時に人ひとりができることは限られています。コミュニティ防災人材は人とコミュニティをつなぐことにより、平時から災害時までコミュニティのレジリエンスを向上させることができると考えています。

掲載の情報は 2023 年 12 月現在のものです。

1章

コミュニティ防災とは

1. コミュニティ防災とは

　コミュニティ防災人材育成プログラムの基盤となるのは防災分野における
コミュニティ防災の考え方と仕組みです。本章では自治会、自主防災組織の
基本を解説したうえで、コミュニティ防災の解説と、コミュニティ防災に密
接に関連する地区防災計画を紹介します。

1.1　自治会と防災

　近年の自治会活動は加入率の低下、役員の高齢化、担い手不足などの課題
に直面し、その存続が危ぶまれる地域も出てきています。一方で、防災に視
点を移すと、避難行動要支援者への対応や、避難所運営などの場面において、
自治会をはじめとした地域組織の役割は増加傾向にあります。自治会活動に
関しては、「できれば関わりたくない」「負担が大きい」と感じる住民がいる
一方で、地域のお祭りや、清掃活動に参加して、その存在価値を十分に感じ
ている住民も一定数はいます。そして、実際に災害を経験した地域では平時
より活動が活発な自治会や自主防災組織があったからこそ、避難所で大きな
トラブルなく運営ができ、仮設住宅団地での交流が生まれ、復興まちづくり
にも歩みだすことができたという事実もあります。

　自治会や町内会のような組織は中世より存在したといわれていますが、明
治期に入り、近代的な自治システムが構築される中で、自治会も組織化され
てきました。特に戦時中は戦争遂行のために不可欠な組織として、統制品の
配給などの役割も果たしました。戦後、このような自治会の活動を進駐軍が
見逃すわけもなく、「町内会の解散」が命じられました。しかしながら、地
域での諸課題の解決のために類似組織が作られ活動は継続し、その後、自治
会活動は再開され今日に至ります。

　一般的に自治会は世帯単位で加入し、会費を支払います。ただし、書面に

よる入会手続きや会員証の発行などがなければ、賃貸集合住宅でも管理費と一緒に徴収されていたりして無意識に自治会の一員となっている住民もいます。このような住民が防災訓練に参加することはまれでしょう。また、自治体からみると自治会は情報伝達の経路となる場合や、イベントへの動員を依頼する対象となることもあります。イベントや防災訓練に一定数の住民の参加を確保するには自治会の存在は重要といえます。さらに、すべての地域ではないですが、自治会関連組織として、子ども会、青年団、婦人会なども存在します。あるいは、地域の学校のPTAや企業も自治会の活動に関連しています。地域防災では消防団、地域福祉では社会福祉協議会や民生委員と自治会との関係も密接です。

　このように歴史的にも必要と認識され、自治体や諸団体と密接に関わりながら存在してきた自治会ですが、時代の変化とともにその存在意義を認める住民も減少してきています。加入率を維持させるためには、かつての密な近隣との関係に馴染まない世代に対して、自治会の存在意義を再評価してもらうには何が必要なのでしょうか。

　自治会の活動として多くの住民に高く評価されうる活動の1つは防災であると考えます。

　1995年の阪神・淡路大震災の際は、発災直後に倒壊家屋からの救出を担ったのは、消防や自衛隊ではなく近隣住民でした。木造住宅からの救助においては、素手や工具で瓦礫の中から救出できた事例が多くあります。発災後の72時間が救助のリミットとされますが、実際には72時間では公助はほとんど間に合わず、近隣住民による共助が大多数となることは容易に想像がつきます。また、救助だけでなく、火災の消火、応急的な避難場所の設置、物資の配給なども住民主体でなされました。このようなスムーズな災害対応の裏には平時からの近隣住民による自治会活動や地域活動が大きな役割を果たしたことは言うまでもありません。地域活動が盛んだった地域は、復興事業などにも住民が積極的に関わり住民の意見を反映させることができました。

　2011年の東日本大震災は津波被害が大きかったため、避難が生死を分ける要因となりました。地震発生から津波襲来まで一定の時間がある中で、それぞれの住民は避難の判断を行い、場合によっては近隣住民に声掛けをした

り、誘導したりで避難しました。このような避難が成功した背景は、津波常
襲地域での平時からのリスク認知と住民参加の避難訓練の実施、古くからの漁
村のつながりの残る地域での関係性、などがあげられます。これらも住民主体
の自治会などの地域の組織やつながりの存在が大きかったと考えられます。一
方で、阪神・淡路大震災と異なるのは、津波で浸水してしまった地域では、高
台への集団移転などがあり、発災前と同じ場所で住宅を再建できなかったこ
とです。これにより、長年培われた地域のつながりが分断され、地元と離れ
た地域で知らない者同士で応急仮設住宅や災害公営住宅で暮らすことになり
ました。もちろん、応急仮設住宅や災害公営住宅でも自治会などの設立が促
進されていますが、急ごしらえという面もあり、課題も多いと考えられます。

　いずれにせよ、防災という視点からみると、発災前、発災中、発災後とい
ずれの時期でも自治会の役割は大きく、今後の大規模災害時にも自治会の活
躍が期待されています。自治会の活動が可視化されておらず、活動への関与
に消極的な住民も多いなか、自治会は地域の防災に大いに役立ち、場合によっ
ては命を守ることにもなると認識してもらい、自治会への参画を促すのも効
果的であると考えます。

1.2　自主防災組織

　1995 年の発災時点では戦後最大の人的被害となった、阪神・淡路大震災
は兵庫県神戸市という大都市を中心に甚大な被害をもたらしました。倒壊家
屋の下敷きにとなった多数の要救助者の発生、既存の消防力では到底対応し
きれない同時多発火災、路面損壊や瓦礫による道路閉塞や渋滞で救援車両が
被災地に到達できないといった状況でした。このような大規模災害時の行政
機関による初動対応の限界は阪神・淡路大震災後の災害でも同様で、東日本
大震災では宮城県南三陸町、岩手県大槌町、宮古市などの庁舎が津波に飲み
込まれ、熊本地震では熊本県益城町や宇土市の庁舎が被害を受けました。庁
舎被害だけではなく、首長を含む行政職員の人的被害も多数発生し、想定を
はるかに超える災害に直面した際の初動対応には多くの課題があることが露

呈しました。

　このような経験を踏まえ、近年では災害時の自助・共助の促進が多くの地域で当然のこととして取り組まれていますが、これらの取り組みをより組織的に、効率的に実施するのが自主防災組織です。自主防災組織は、文字通り地域住民を主体とした自主的な防災活動の組織です。自主防災組織は、平時からの組織体制の構築、協議、計画策定、訓練などに取り組み、発災時には避難誘導、救助・救出、消火、避難所開設、避難所運営などを担うことになります。

　大阪府大阪市を例にあげますと、2020 年に発行された自主防災活動ガイドライン（Ver. 1.0）があり、大阪市防災・減災条例、地域防災計画の位置づけを説明したうえで、自主防災組織の定義と、大阪市独自の地域防災リーダーの解説があります。自主防災組織に関しては、地域に居住・勤務する人も構成員となり、地域活動協議会、地域振興町会、女性会、社会福祉協議会、民生委員・児童委員、PTA なども防災活動にかかわることが想定されています。なお、地域防災リーダーは、阪神・淡路大震災後の 1996 年 7 月に組織化されたもので、平時より災害に関する知識や技術を取得し、災害時に住民に率先して組織的な活動を期待されています。2023 年 4 月現在で約 9,600 人（大阪市 HP）が地域防災リーダーとなっています。

　自主防災組織は災害時には地域災害対策本部や避難所運営委員会を担います。発災前に組織構成と役割分担を明確にしておく必要があり、本部長などは自治会長などが担当しますが、要配慮者や女性の視点も重要ですので、多様な住民などが自主防災組織に参画することが重要です。

　発災時に自主防災組織は、被害状況の把握、自治体との情報伝達、安否確認、避難誘導、救出救護、初期消火などに取り組みます。どのような規模の災害時にどのような対応を取るのかも事前に取り決めておくことが必要で、例えば震度 6 弱・6 強なら連絡を取り合って判断、震度 5 弱以上なら参集などです。水害が想定される際は警戒レベル 3 で避難所開設となるので、警戒レベル 3 に至る可能性が高まった段階で自主防災組織が参集し開設準備が必要かもしれません。

　平時の訓練では、訓練の目的を明確にして、想定する災害、訓練内容、な

どをしっかりと協議し、準備します。特に参加者の想定と周知方法は訓練の準備において重要な課題です。自主防災組織のみの訓練ではなく、普段は地域活動、自主防災組織に関心のない住民にアピールする絶好の機会と訓練をとらえる必要があります。

　訓練に至るまで、講話、図上訓練、各種ゲームなどで災害の基礎知識と基本的な対応を学んだうえで、機材の取り扱い、消火訓練、応急手当なども学んでおく必要があります。

【参考資料】

大阪市 自主防災活動ガイドライン ver. 1.0. 2020 年 6 月

▎1.3　コミュニティ防災

　直接的な「コミュニティ防災」以外に、「コミュニティ」と「防災」を組み合わせた表現は共助の促進が広がるなかで色々なところでみられます。防災分野でよくみられる「コミュニティ」はいわゆる「地域コミュニティ」を指すことが多いようで、これは従来の自主防災組織や地縁組織による防災の延長ととらえることもできます。

　コミュニティという用語はいくつかの意味で使われることがありますが、防災分野では、地域コミュニティ以外にも、ある一定の目的を持ち活動している組織・集団をさすことが多いようです。具体的には、企業、学校、ボランティア団体、NPO、任意団体などです。別の表現では「多様な主体」と呼ばれることも多く、いずれにせよ、地縁組織や地域コミュニティ以外の様々な団体・グループが協働して防災に関与していこうというのが、コミュニティ防災の根幹になります。

　コミュニティ防災の重要性を明確に規定したものに、2005 年 1 月に開催された国連防災世界会議で採択された「兵庫宣言」があります。持続可能な開発を行ううえでの国際的な防災協力の重要性を訴える宣言ですが、宣言の具体的行動として三つの戦略目標があげられています。この戦略目標の 1 つ

にコミュニティの災害対応力の向上が含まれています。

兵庫行動枠組（2005-2015）戦略目標

・全てのレベルにおいて、持続可能な開発のための政策、計画策定に防災リスクの
視点をより効果的に統合し、災害の予防、軽減、備え、脆弱性軽減について特に
重点を置く。

・災害対応力を体系的に高めるために、全てのレベル、特にコミュニティ・レベル
で、制度、仕組み、及び能力を開発・強化する。

・被災したコミュニティの復興に際し、リスク軽減アプローチを緊急時の備え、応
急対応、復興プログラムの設計、実施に計画的に取り入れる。

その他、兵庫行動枠組み（2005－2015）では複数個所でコミュニティの防災
に関する記述がみられます。防災制度分野では「コミュニティと地方自治体
は…（略）…災害管理リスクや削減の権限と持つべき」、「将来的な災害に対
するコミュニティ抵抗力を構築し、脆弱性を軽減する…（略）」などの記述
があります。

　国際協力機構（JICA）は国際協力の観点からコミュニティ防災を定義し
ています。このJICAの取り組みの基盤には「キャパシティ・ディベロップ
メント」というものがあり、「途上国の課題対処能力が、個人、組織、社会
などの複数のレベルの総体として向上していくプロセス」とJICAは定義し
ています。すなわち、途上国における防災を進めるにあたって、コミュニティ
防災がキーワードとなっていることがわかります。コミュニティ防災は政府
や地域の資源が限られた途上国での防災において、効果が大きい防災の進め
方であるといえます。

コミュニティ防災とは？

「緊急対応、事後対応を中心とした、政府のトップダウンによる従来の防災にとど
まらず、災害予防を重点とする流れのなかで、地域社会および政府にとって限ら
れた資源を有効に配分し、より人道的見地や内発的な開発努力の観点から減災お
よび地域開発の効果を発揮させることを主眼とする近隣地域社会の共助を中心に
コミュニティの災害対応能力の向上を目指した防災アプローチ」のことをいう。

　一方、日本のような先進国では政府や自治体を中心に、大規模な予算を確保してハード対応の防災対策が進められてきました。ハード対応による効果も一定程度はありましたが、阪神・淡路大震災や東日本大震災の被災を踏まえ、ソフト対応の防災対策がますます重視されているということになります。したがって、コミュニティ防災の考え方は昔からあるものの、近年さらに注目され、地域防災の中でも大きな役割を果たすようになっているといえます。

　一般的な地域防災活動とコミュニティ防災は重なる部分も多いですが、コミュニティ防災の特徴としては多様な主体の参画があります。地域では、自治会、町内会、消防団、水防団、PTA、女性会、子ども会、事業者の会、ボランティア団体などが、福祉、防犯、青少年育成、環境などの活動を展開しています。コミュニティ防災では、このような多様な主体が協働して防災に取り組むことになりますが、防災に無関心な主体を無理に引き入れるイメージではありません。災害大国であるわが国では、実際には多くの主体は多少なりとも防災・災害に関心を寄せているのではないでしょうか。ただし、防災への関心があっても1つの主体ではできることが限られています。そこで、他の主体との連携協働によって、より実効的な防災を進めることができるという発想がコミュニティ防災の基本です。なお、防災に限らず多様な主体が連携協働して、課題を解決する手法は「コレクティブインパクト」と呼ばれています。

　多様な主体の参画が得られた場合、コミュニティ防災では主体の関係性をフラットに保つことが重要です。防災というと上意下達、ピラミッド型組織というイメージも強いかもしれませんが、コミュニティ防災でこのような方式は適切ではないと考えます。また、多様な主体が普段から実施している活動を防災の活動と繋げる方法もあります。例えば、環境美化活動と災害危険箇所の点検を兼ねる、福祉の見守りと災害時の安否確認を兼ねる、といったことがすでに多くの地域で取り組まれています。

　多様な主体の参画が得られたとしても、具体的な目標がなければコミュニティ防災の活動は持続できません。とはいえ防災は、いつ実災害に遭遇するかわからない、という他の活動と大きく異なる特徴があります。

　地域防災でもコミュニティ防災でも、はじめに当該地域で想定されるハ

ザード（災害の原因となるもの）を調べます。近年はほとんどの地域で自治体がハザードマップを公開しているので容易に調べられます。地震、台風、豪雨、高潮、河川氾濫、液状化など多様なハザードを確認できるはずですが、すべてのハザードに一気に対応しようとすると大変なので、はじめはおもなハザードを1つ～2つ選択するのが良いでしょう。また、ハザードを調べることが「敵を知る」とすれば、「己を知る」も大事で、当該地域の弱点（脆弱性）を調べることも重要です。

　脆弱性とは、人口構成など社会的なものと建物や道路の状況などの物理的なものがあります。ハザードや脆弱性を調べることによって、住民が「なんとなく不安に思っていること」「なんとなく気づいていること」をデータに基づいて可視化することが理想的です。なぜ、いきなり防災活動に入るのではなく、このようなステップを踏むかといいますと、同じハザードでも当該地域の脆弱性と対応力によって、被害の様相が変化するからです。ハザード自体を人間の力で変化させること、例えば、地震や台風の発生を抑止することはいうまでもなく困難です。したがって、防災活動とは①脆弱性を小さくする、②対策を充実させる、の2つがメインの柱の活動になります。このような防災活動の仕組みをよく理解したうえで、手当たり次第に色々な活動に取り組むのではなく、多様な主体の特性を最大限活かして防災に取り組み、被害を最小化、できれば被害ゼロを目指すのがコミュニティ防災です。

【参考資料】

兵庫行動枠組 2005−2015 プログラム成果文書 https://www.preventionweb.net

独立行政法人国際協力機構 キャパシティ・ディベロップメントの観点からのコミュニティ防災、2008 年 3 月

▌1.4　地区防災計画

　コミュニティ防災の理念に非常に近く、コミュニティ防災の推進にあたって相性の良いのは 2013 年の災害対策基本法の改正により創設された地区防

災計画制度です。自治体が策定する地域防災計画と言葉は似ていますが、異なる計画です。

　地区防災計画制度は先述したような行政主体の公助による災害対応の限界を教訓に、地域コミュニティをはじめとした各種コミュニティの防災活動を推進し、より実効性を高めるボトムアップ型の仕組みです。同時に社会情勢の変化に伴う地域におけるコミュニティの希薄化の解消、地域の活性化などにも役立つとされています。

　すでに、各地域で積極的かつ実効的な活動は多いと思いますが、それらの活動を計画という文書にまとめることは、活動継続のための課題の洗い出し、将来を見越した行動計画の策定、行動の可視化などに大きく寄与できます。

　地区防災計画の特徴は、「地域に根差して取り組む」「みんなで進んで取り組む」「包括的に考えて取り組む」「実行を求めて取り組む」の4つとされています。

　地区防災計画はユニークな計画で、計画を策定する「主体」、範囲とする「地区」、計画の内容なども含めて自由に設定できます。例えば、策定主体ですが、一般的には自治会や自主防災組織になることが多いですが、地域の事業者や学校を含める、あるいは集合住宅が主体になることも可能です。また「地区」の範囲も行政主体の場合は校区、学区などが基本となると思いますが、地区防災計画の場合は行政界を越えた範囲とすること、あるいは校区より小さい近隣地区とすることも可能です。そして、対象とする災害も優先順位をつけて選択することも可能です。また、地区防災計画は作りっぱなしではなく、随時見直すかたちでも良いので、初めは小さく、徐々に大きく、といった導入ハードルを低くして、随時策定を進めるプロセスも良いでしょう。

　地区防災計画でもコミュニティ防災と同様に、社会的指標や脆弱性を調べて近隣地域と比較したり、地域で活動する多様な主体を一覧表にしたりすることもあります。また、災害時避難所を地域主体で運営することを想定して、役割分担や運営方針を計画で事前周知しておくことも可能です。このように地区防災計画は内容を自由に設定できるので、地域の自主防災組織関係者では共通認識している事項を広く地域住民に周知するツールとしても活用できるのではないでしょうか。担い手の拡大に課題がある地域では、実は自治会

や自主防災組織の活動を知ってもらうきっかけとなる可能性があります。

　以上のことから地区防災計画はコミュニティ防災を具現化する重要なツールとなりえます。地域活動に限界を感じ始めている地域コミュニティ、防災・減災には関心の高いものの何から着手して良いかわからないコミュニティなどが地区防災計画の策定という１つの目標を設定して、少しずつ協働してみるのも良いでしょう。

　もちろん、地区防災計画制度ができる前からも多様なコミュニティで防災・減災の活動・計画はありました。しかしながら、それぞれの活動・計画の名称が異なると、せっかくの良い活動、良い計画を横並びで比較したり、互いに参考にしたりすることが少なかったかもしれません。地区防災計画という全国共通の名称と仕組みだからこそ、コミュニティ同士が互いに参考にすることができますし、計画を策定しているコミュニティ間の交流も生まれ始めています。どこかに旅行に行った時に、観光名所を回るだけでなく、先進的なコミュニティ防災の現場を訪れ、防災・減災を共通テーマに人と人との交流が広がることも期待しています。

【参考資料】

内閣府 地区防災計画ガイドライン、2014 年 3 月

2章

コミュニティ防災人材育成プログラム
― MUSUBOU ―

2. コミュニティ防災人材育成プログラム
―MUSUBOU―

　国立研究開発法人 科学技術振興機構の「SDGs の達成に向けた共創的研究開発プログラム（ソリューション創出フェーズ）」に、大阪市立大学 都市防災教育研究センター（当時、現大阪公立大学都市科学・防災研究センター）と大阪市住之江区役所の協働提案事業「コミュニティ防災人材育成システムの全国展開に向けた実証プロジェクト」が 2020 年に採択されました。事業期間は 2023 年度末でした。

　この事業は、多様なコミュニティをつなぎ、相互の交流・協働を促す「コミュニティ防災人材」の育成を目指す防災人材育成システムの開発と実証です。人材育成システムは、e ラーニング教材、防災教育 AR アプリ、災害対応行動アプリなどの ICT 技術を活用し、アクティブラーニングを主とした防災知識・技術をコミュニティ（集団）で修得を図るための多様なプログラムから構成されています。

2.1　解決すべきコミュニティの課題

　現在の地域防災の担い手である地縁型のコミュニティは、高齢化や担い手不足、住民のコミュニティへの帰属意識の希薄化が解決すべき課題です。一方、地域には子育て、集合住宅、企業といった新たなコミュニティが存在しています。多様化した新たなコミュニティは、ICT や SNS を活用することで新しいつながりを持ち、地域レジリエンスを高める可能性を持っているにも関わらず、コミュニティ間の連携が必ずしも多いとはいえず、レジリエンス向上には課題が多いと考えられます。

　今後、少子高齢化が進み、従来型の地域活動がより困難になる可能性があ

ります。そこで、従来型の地域活動をより活性化させるとともに、新たな担い手による活動を拡大し、持続可能な地域づくりを目指すための手法が必要となります。

このような課題意識を踏まえ、コミュニティのレジリエンス向上を図るととともに、異なるコミュニティをつなげる役目となるコミュニティ防災人材を提案しました。

2.2 コミュニティ防災人材とは

コミュニティ防災人材とは地域コミュニティをはじめ、多様なコミュニティにおいて防災に積極的に取り組み、自身だけでなくコミュニティのメンバーの防災意識向上、スキルアップを促進する人材です。さらに、異なるコミュニティの交流・橋渡し、担い手の拡大、地域全体の防災リテラシーの向上といった効果が期待されます。多様なコミュニティがつながっていない現在の状態から、「防災」を共通テーマにしたコミュニティ防災人材がつなぎ役となることで、多様なコミュニティのつながりが生まれ、コミュニティの希薄化、担い手不足を解消し、地域レジリエンスを高める効果が期待されます。

すでに「防災リーダー」育成プログラムは多数あり、積極的で意識の高い人材がこのようなプログラムに参加し、防災のあらゆる場面で活躍しています。また、「防災士（日本防災士機構）」に代表されるような、防災人材の認証システムも複数存在します。では、今回のコミュニティ防災人材はこのような「リーダー型人材」と何が異なるのでしょうか。コミュニティ防災人材は自身の知識の涵養、防災スキルのアップを目指す姿勢はリーダー型人材と共通ですが、自身が所属・関与するコミュニティの他のメンバーにも防災を広げることに長けています。自身のスキルアップがX方向とすれば、他のメンバーへの拡大はY方向ということになります。他のメンバーの意識を向上させ、メンバーを巻き込みながら、時には背中を押しながら、コミュニティ全体の防災力向上、レジリエンス向上を目指します。さらに、コミュニ

ティ防災人材は他のコミュニティとの橋渡し役も担ってもらいます。1つの
コミュニティでできることは限られています。コミュニティとコミュニティ
が力をあわせて、防災に取り組むことはより高い効果を発揮すると考えられ
ます。先ほどのX方向、Y方向に加えて、橋渡しはZ方向の活動といえます。

　よく聞く話ですが、既存の戸建住宅中心の地域に、大きなマンションが建
設され世帯数が急増したが、戸建住宅の住民とマンションの住民との交流が
少ない、マンション住民が自治会へ関与しないという課題があるとします。
お互いに属性の異なる住民同士で、急に「交流しましょう」といっても、ど
こかぎこちないこともあるでしょう。しかしながら、それぞれが関心を持っ
ている可能性の高い「防災について話し合いましょう」というきっかけによっ
て、交流が進む可能性があります。このような場面では、お互いの意識やニー
ズをくみ取り、防災訓練や防災研修だけでなく、双方向での住民の交流が防
災・減災力の向上に役立つという認識を持って、つなぎ役となる人材が必要
ではなないでしょうか。コミュニティ防災人材は、ファシリテーターとして
の役割も持ち、属性・考えの異なるコミュニティをうまくつなぎ、より良い
アイデアを導き出す術も学んでもらいます。

　本プログラムでは、基礎的な防災の知識から、防災に関連するファシリテー

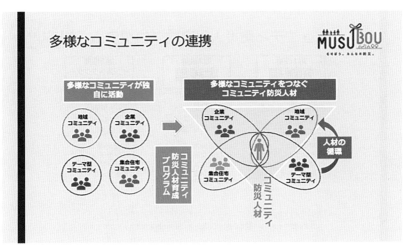

図 2.2-1　多様なコミュニティをつなぐコミュニティ防災人材

ションやゲームの手法、ICT や SNS の活用を学んでいただきます。3 段階の
プログラムに所定の回数出席し、課題提出などが完了すると人材として認定
されます（図 2.2-1）。

2.3　プログラムの特長

　3 段階で構成され、受講者の興味やレベルに応じた学習が可能です。プロ
グラムへの参加を表明してくれたコミュニティの特性やニーズにあわせて、
プログラムをカスタマイズできるので、単独コミュニティでも複数コミュニ
ティでも、コミュニティの一部のメンバーでも、また全体のメンバーでも取
り組むこともできます。

　e ラーニングシステムの WEB プラットフォームを準備していますので、
オリジナルのアプリも使いながら、学習履歴の振り返りや質問、掲示板で
の他の受講者との交流ができます。単独での学習より効果の高いとされ
る、集団・コミュニティでの協働学習に重きを置いています。この仕組みは
Wenger による実践共同体（Community of Practice）の理論にヒントを得

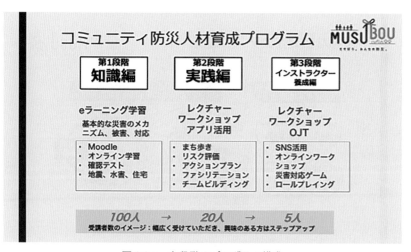

図 2.3-1　各段階のプログラム構成

ており、防災に対して関心があり、熱意のある参加者が、防災知識や防災スキルの取得と参加者間の交流を深めてもらうことを目的としています。

　ICTを活用したプログラムに取り組み、多様な災害種・タイムラインに合わせ、実地・模擬体験を通じて、参加者自らの避難計画の策定・課題抽出・克服策を認識できるよう知識ベースだけでなく実質的な行動変容を促進することを目指します（図2.3-1）。

【参考資料】

Etienne Wenger: Communities of Practice: Learning, Meaning, and Identity, Cambridge University Press, 1999

2.4　第1段階　個人受講 / グループ受講

　eラーニングによる学習です。ここでは主に、自分と家族のいのちを守るための学習です。LMS（WEB上の学習管理システム）を活用したマイクロラーニングによるオンライン学習で、各クラスの学習時間は5分〜10分ほどが数本と、ご都合の良い時間に各自受講できます（図2.4-1）。

図2.4-1　第1段階　eラーニングの概要

2.5　第 2 段階　グループ受講 / 対面受講（2 日）

　講座とまちあるきやワークショップといった実践的な演習を通じて、コミュニティ防災人材に必要な能力と技術を学ぶ段階です。コミュニティの特性に合わせて、自助、共助を中心に、防災・減災に関する情報収集、リスク評価、行動計画、ファシリテーション、などを学びます（表2.5-1）。

表 2.5-1　第 2 段階の例（講義と演習の組み合わせ）

防災まち歩きの企画	リスクコミュニケーション
災害リスクの分析と評価	ファシリテーション
ハザード情報の収集と分析	チームビルディング
防災イベントの企画	防災ゲームの活用法
会議の運営・意思決定	非常持ち出し袋
住まいの防災（耐震）	イベントちらしのデザイン
住まいの防災（家具）	ノーコードアプリ作成
避難所開設と運営	災害時の SNS 活用法
地区防災計画	
生活継続計画	

2.6　第 3 段階　グループ受講 / 対面受講（1-1.5 日）

　コミュニティ防災人材として実践的な能力を獲得する段階です。コミュニティの特性に合わせた講座と防災・減災の現場を想定した演習から構成され

表 2.6-1　第 3 段階の例

・コミュニティ活動で必要な 3 種のスキルを学ぶ（選択制）
・ICT スキル（情報収集・発信・コミュニケーション）
・ファシリテーションスキル（円滑な議論と合意形成）
・コミュニティマネジメントスキル（状況判断・地域資源活用）
・同時並行で実施中の第 2 段階でインストラクター役を担う
・ロールプレイング災害対応訓練（状況付与型・状況創出型）
・実際の災害状況に対してチームで対処を考える総仕上げの演習
・他のコミュニティのメンバーとしてロールを体験

ます。防災訓練の企画や会議の進行を考える演習、災害対応ロールプレイング演習といったこれまでの学習の成果を総動員する内容を準備しています（表 2.6-1）。

プログラム修了後

　受講者の関与するコミュニティでの防災・減災活動を積極的に進めていただくとともに、各コミュニティでの MUSUBOU プラットフォームの活用や、他のコミュニティでの MUSUBOU プログラム実施の際に OJT（サポーター）として参加してもらいます。これにより継続的にスキルアップを図れます。

2.7　参加・協力機関（申請時）

　大阪市区長会安全・環境・防災部会、大阪市南部 6 区防災連絡会（阿倍野区、住之江区、住吉区、東住吉区、平野区、西成区）、大阪市消防局、大阪

表 2.7-1　MUSUBOU プログラムの実績

	実施期間	対象コミュニティ	
1	2021 年 8 月〜12 月	防災士クラス （住吉区・東住吉区・西成区在住）	第 2 段階、第 3 段階 修了者 7 名
2	2021 年 9 月〜 2022 年 3 月	大阪市淀川区クラス	第 2 段階、第 3 段階 修了者 6 名
3	2021 年 12 月	大阪府立水都国際中学校クラス	第 2 段階
4	2022 年 9 月	私立追手門学院大手前中高等学校	第 2 段階
5	2022 年 9 月〜 2022 年 11 月	大阪市城東区中浜地域クラス	第 2 段階、第 3 段階 修了者 16 名
6	2022 年 9 月〜 2023 年 3 月	大阪メトロクラス	第 2 段階、第 3 段階 修了者 6 名
7	2023 年 2 月〜 2023 年 7 月	堺市堺区防災サポータークラス	第 2 段階、第 3 段階 修了者 6 名
8	2023 年 6 月	新潟市中央区万代地区クラス	第 2 段階〜（進行中）
9	2023 年 9 月	名古屋女子大学中学校クラス	第 2 段階〜（進行中）
10	2023 年 11 月	東大阪市玉美校区	第 2 段階〜（進行中）

市危機管理室、堺市危機管理室、公立大学防災研究教育センター連携会議（兵庫県立大学、岩手県立大学、東京都立大学、横浜市立大学、名古屋市立大学、熊本県立大学、新潟県立大学、高知県立大学）、一般社団法人 シビックテックジャパン、特定非営利活動法人ネパール避難所・防災教育支援の会。

　表 2.7-1 は MUSUBOU プログラムの実績です。

3章

第1段階（eラーニング）
初級編

3. 第1段階（eラーニング） 初級編

受講を希望される皆さまは、まずは MUSUBOU のプラットフォームに Google アカウントでの登録が必要になります。ただし、ご登録いただければ、どなたでも基本的なクラスは無料で受講することが可能になります。

3.1 プログラムの内容

クラスの内容は、全参加者が対象の基礎クラスとして、「地震ベーシッククラス知識編」、「地震ベーシッククラスいのちを守る編」「風水害ベーシッククラス」があります。これら基礎クラスの教材は地震、風水害といった自然災害の基礎知識と自然災害から身を守るための備えと対策、避難の判断と行動といった実践的な具体案の一例を学ぶことができます。

学習の後には、確認テストも用意していますので、学習の理解度をご自身で測ることも可能です。

個人の学習に留まらず、コミュニティでの防災研修での冒頭で一緒に学習をしてから訓練やワークショップを行うことにも役立てていただきたいと考えています。

基礎クラスを学んだ後または並行して、それぞれのテーマに沿った内容の教材を受講できるよう環境を整えています。具体的には、「親子で一緒に防災」や「防災教育」といった"教育"、"学習"をテーマにしたクラスや、「地区防災計画」、「BCP」といった"計画"をテーマにしたクラス、「マンション防災」「災害ボランティア」といったテーマに加えて、「ICT」、「ファシリテーション」といったダイレクトに防災に関するテーマではありませんが、"コミュニティという防災"には欠かせないスキルを磨くクラスも公開しています。

親子で学習できるコンテンツは、防災に関心があるものの、学習のための時間が取れない"子育て層"がちょっとした合間に子どもたちと一緒に家庭

で学ぶことができるようにルビの表示もあります。

　また、「地区防災計画」、「BCP」の策定にあたり、個々に学習してから実際の"計画"に取り組むことで策定がスムーズに進んでいくということも期待できます。

3.2　プログラムの詳細

3.2.1　知識編プログラム
　地震ベーシッククラス　〜知る〜

　知識編は各分野の専門家による講義です。基礎的な知識だけではなく、研究に基づく知見や対策を学ぶことができます。それぞれの項目については次のとおりです（後掲表 3.2.2-1 参照）。

(1) 地震のメカニズム
　　・地球上での日本列島の位置と地震
　　・4つのプレートの境界線に位置する日本列島
　　・地震の規模（マグニチュード）
　　・地震の揺れの強さ（震度）
　　・地震波と緊急地震速報
　　・まとめ
(2) 地震の種類
　　・地震には3つの顔がある
　　・内陸型地震の特徴
　　・内陸型地震を引き起こす活断層
　　・海溝型地震の特徴
　　・まとめ
(3) 地震の被害1
　　・地震による建物内の被害
　　・地震発生時の行動と被害
　　・老朽化した木造家屋の被害

　　　・建築物と土木建造物の被害

　　　・まとめ

（4）地震の被害2

　　　・高層ビルと長周期地震動

　　　・地震後の火災

　　　・地震によるがけ崩れ

　　　・地震による地盤液状化

　　　・まとめ

（5）津波のしくみと避難行動

　　　・津波の発生原因

　　　・地震による津波発生メカニズム

　　　・津波地震と遠地津波

　　　・津波の災害特性

　　　・津波の避難施設

　　　・身を守るための3大原則

　　　・津波が引き起こす二次災害

　　　・まとめ

（6）地震発生！その日の対応

　　　・地震での自分の身を守る行動

　　　・安否確認や近隣の人々との協力

　　　・家族との連絡方法

　　　・被災後の暮らしの判断

　　　・情報収集の手段

　　　・まとめ

地震ベーシッククラス　〜いのちを守る〜

（1）地震発生時の住まいの危険

　　　・地震発生時の被害状況

　　　・住まいで想定される被害

　　　・長周期地震動による被害

30

・まとめ

(2) 住まいの防災対策1　〜家具の配置の工夫〜
　　・住まいの防災対策の実施状況
　　・住まいの防災対策が必要な理由
　　・家具配置の工夫の方法
　　・まとめ

(3) 住まいの防災対策2　〜家具固定〜
　　・家具固定が必要な場合
　　・家具固定器具の強度
　　・家具固定の方法
　　・まとめ

(4) 持出袋を準備しよう
　　・非常持ち出し袋とは
　　・家庭用非常持ち出し袋の中身
　　・職場用非常持ち出し袋の中身
　　・まとめ

(5) 備蓄をしよう1　〜食料〜
　　・食料備蓄の必要性
　　・ローリングストックとは
　　・食事例から考える
　　・体験談から学ぶ
　　・まとめ

(6) 備蓄をしよう2　〜日用品〜
　　・備蓄が必要な理由
　　・日常備蓄とは
　　・必要な備蓄とは
　　・まとめ

(7) 災害時の情報
　　・災害時の情報とは
　　・情報収集の手段

・体験談から学ぶ

・まとめ

風水害ベーシッククラス

(1) 日本の国土の特徴と風水害

　・日本列島の位置

　・日本の国土の特徴

　・日本の河川の特徴と風水害

　・まとめ

(2) 降水のメカニズムと台風による雨

　・降水のメカニズム

　・雨や雪の降るしくみ

　・線状降水帯発生のしくみ

　・降水のメカニズムと台風のまとめ

　・台風による雨

　・台風による雨のまとめ

(3) 災害をもたらす気象現象

　・特徴的な気象現象

　・局地的大雨（ゲリラ豪雨）

　・台風（熱帯性低気圧）

　・竜巻

　・まとめ

(4) 風水害リスクを知ろう　～避難行動の考え方1～

　・洪水のリスクを考える

　・高潮のリスクを考える

　・土砂災害のリスクを考える

　・まとめ

(5) 避難のタイミングを考えよう　～避難行動の考え方2～

　・市区町村が出す避難情報と気象庁などが出す防災気象情報

　・警戒レベルについて

・まとめ

(6) マイ・タイムラインをつくろう　〜避難行動の考え方３〜

・マイ・タイムラインとは

・マイ・タイムラインのイメージ

・台風発生から河川氾濫までのタイムライン

・まとめ

表 3.2.1-1　知識編プログラムの一例

第1段階プログラム　eラーニング一覧表

		授業名
地震ベーシック 基礎知識編	1	地震のメカニズム
	2	地震の種類
	3	地震による被害1
	4	地震による被害2
	5	津波のしくみと避難行動
	6	過去の地震災害
	7	地震発生、その日の行動
地震ベーシック いのちを守る変	1	地震発生時の住宅内の危険
	2	住まいの防災対策1（家具の配置）
	3	住まいの防災対策2（家具の固定）
	4	持出袋を準備しよう
	5	備蓄をしよう1（食品）
	6	備蓄をしよう2（日用品）
	7	災害時の情報
	8	時系列で考える地震災害への対応

		授業名
風水害ベーシック	1	日本の国土の特徴と風水害
	2	降水メカニズムと台風による雨
	3	災害をもたらす気象現象
	4	避難行動の考え方1
	5	避難行動の考え方2
	6	避難行動の考え方3
	7	これから備える風水害
	8	過去の風水害

3.2.2　テーマ型プログラム

それぞれの項目は次のとおりです（後掲表 3.2.2-1 参照）。

おやこでいっしょに防災　きほん編

(1)　おうちの中でじしんがおきたら

(2)　おうち以外でじしんがおきたら

(3)　えきやでんしゃの中でじしんがおきたら

(4)　じしんの時、してはいけないこと

おやこでいっしょに防災　かぞく防災かいぎ編

(1)　災害リスクを確かめよう

(2)　家の中のそなえを考えよう

(3)　ひじょう用もちだし袋をつくろう

(4)　かぞくでれんらく方法を決めておこう

(5)　かぞくであつまる場所を決めておこう

(6)　計画を見なおそう

防災教育

(1)　学校教育課程における防災教育

(2)　小学校での防災教育

(3)　中学校の防災教育

(4)　高等学校の防災教育

マンション防災

(1)　マンションで起こりうる被害を知る

(2)　在宅避難のための準備

(3)　マンション全体で考える防災対策

ICT 活用

(1)　ICT とは

(2)　防災における ICT 活用事例

ファシリテーション

(1)　ファシリテーションとは

(2)　ファシリテーションツールの紹介

(3)　防災ワークショップにおけるファシリテーターの役割

地区防災計画

(1)　地区防災計画の種類と位置づけ

(2) 地区防災計画の基本的な考え方・内容
(3) 地区防災計画の作成
(4) 計画提案の手続き・実践と検証

災害ボランティア
(1) 災害ボランティアの役割
(2) 災害ボランティア活動における留意点
(3) 災害ボランティア活動における受援力

BCP
(1) 企業の防災活動
(2) BCP（事業継続計画とは）
(3) BCM（事業継続マネジメント）とは
(4) BCP の動向と地域貢献

表 3.2.2-1　テーマ型プログラムの一例

第1段階プログラム　eラーニング（テーマ型）一覧表

	テーマ名	スライド数	主な授業
1	親子で防災コース	9本	おうちの中でじしんがおきたら 家族で連絡方法を決めておこう
2	防災教育コース	4本	学校教育課程における防災教育 小学校における防災教育
3	マンション防災コース	3本	マンションで起こりうる被害を知る 在宅避難のための準備
4	BCPコース	4本	BCP(事業継続計画)とは BCM（事業継続マネジメント）とは
5	地区防災計画コース	4本	防災計画の種類と位置づけ 地区防災計画の基本的な考え方・内容
6	災害ボランティアコース	3本	災害ボランティアの役割 ボランティア活動における受援力
7	ICTコース	2本	防災におけるICTの活用事例
8	ファシリテーションコース	3本	ファシリテーションとは？

3.3　e ラーニングをはじめるために

　e ラーニングを視聴するためには、"MUSUBOU" という e ラーニングのプラットフォームに登録する必要があります。申し込み方法は以下のとおりです。

3.3.1　登録方法

　MUSUBOU の各コース（クラス）は原則として、どなたでも受講できる自己登録制です。

　受講したいコースの「詳細を見る」をクリックして、表示される画面の「私を登録する」をクリックするとそのコースに登録され、コース内のコンテンツ（動画や資料など）が視聴できるようになります。

　登録の手順は次のとおりです。

・MUSUBOU にアクセスしてログインします。

・原則として Google アカウントを使用してください。

・ログインボタンの下の「Google」ボタンをクリックして認証画面に進み、手順に従ってログインします。

・1 度目のログインの際には、利用規約およびプライバシーポリシーの確認と同意が必要です。

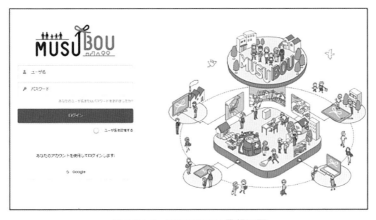

図 3.3.1-1　MUSUBOU 登録画面

3.3.2 学習の進め方

　まずは、MUSUBOU プログラムの必修クラス「コミュニティ防災人材育成クラス＜知識編＞」に登録して受講してみましょう。

　このクラスでは地震と津波、風水害の基礎的な知識を身につけることができます。その後、ご自身の関心のあるテーマ別編を学習することも可能です。

図 3.3.2-1　MUSUBOU ログイン画面

MUSUBOU サイト
https://www.musubou.net/

コミュニティ防災の道標としての地区防災計画止策

増田 裕子

　新東三国地域は、大阪府の中程にある大阪市の北部にある淀川区の北東部に位置し、約1万人、約5750世帯の住民が暮らしています（令和2年の国勢調査より）。

　新大阪に徒歩圏内という利便性からワンルームマンションが多く、11町会の町会加入率は50%を少し超えるくらいで、いわゆるコミュニティが希薄と言われるエリアです。

　そんな都市域の地域でも持続可能なコミュニティの構築をめざして、地域活動協議会という仕組みがあります。地域防災においても平時の地域活動を担うメンバーが自主防災組織も担うこと、地区防災計画の策定にも関わっています。

　当地区の地区防災計画のあゆみは、2015年に始まりました。大きな災害に見舞われたことのない地域特性から住民の地域防災への関心が低いという課題を解決するため、まずは「いのちを守る自助マニュアル」という形で住民の自助の強化に取り組みました。並行してして「避難所開設キット」と「運営マニュアル」を作成し、誰もが避難所が開設できるよう共助の力をつけるための取り組みを進めました。しかし、このやり方では自助、共助、公助のバトンがしっかりと手渡されているかが曖昧という課題が見えてきました。そこで、自助、共助、公助の計画（いつ、誰が、どこで、何を、どうする）を一本のレールに載せようという思いが高まり、今までの取り組みをまとめた地区防災計画の策定を考えるようになりました。

　幸運なことに、同じタイミングで大阪公立大学（当時は大阪市立大学）の生田先生の推薦により、地区防災計画学会2020年度モデル地区に選定され、地区防災計画の策定に至りました。その後、2022年には再びモデル地区に選定され、更新しています。

　当地区の地区防災計画の特徴は、まず「知っておきたいこと」として、地区の災害リスクを記しています。次に「想像して、準備しておくこと」として、リスクへの備えと対策を記しています。3番目は「考えて、行動すること」として、避難行動と避難生活におけ

る自助、近助、共助、公助について、いつ、誰が、どこで、何をするのバトンのつなぎ方を記しています。4番目は「地域防災力を高めていくために」として、現在の地域の課題を可視化しています。そのため、2022年には全戸を対象に防災意識アンケートを行いました。5番目は「誰ひとり取り残さないために」として、淀川区役所と2022年に協定を結んだ「個別避難計画」の進め方についての方向性を示しています。そして最後は、「地域防災力の未来のために」として、小学生による地区防災計画を記しています。

　一方で、地区単位での計画に限界も感じています。それは、当地区が集合住宅の町会と戸建住宅の町会では備え方、対策、避難行動、避難生活に違いがあり、ひとまとまりにはできないということが明らかになってきたからです。そこで、2023年度の更新では、集合住宅スタイルと戸建て住宅スタイルのモデルケースを作る予定です。そして、最終的には町会ごとの地区防災計画を策定できればと思っています。

　また、ぜひ継続していきたいこととして、当地区の計画の特色である、小学生の地区防災計画は、随時更新していきたいと思っています。

　末筆になりますが、私たちの地区防災計画は、決して地域だけで作り上げたわけではありません。ご指導、ご協力いただいた皆様には感謝しかありません。本当にありがとうございました。

4章

第2段階
実践編

4. 第2段階　実践編

　第2段階はコミュニティの防災活動で役立つツールやスキルを学ぶ実践的な対面式のプログラムです。主な内容は、講座とまちあるきやワークショップといった演習を通じて、コミュニティ防災人材に必要な能力と技術を学びます。コミュニティの特性に合わせて、自助、共助を中心に、防災・減災に関する情報収集、リスク評価、行動計画、ファシリテーション、などを学び、「わがまちの防災まち歩きコース」と「コミュニティに最適なアクションプラン」という課題に取り組み、提出し発表、実施します。

4.1　防災まち歩き

4.1.1　まち歩きの準備と実施

　防災活動を行うにあたって、わがまちの災害にかかわる状況を充分に認識しておくことはたいへん重要です。地域に暮らす住民は、健常者だけではなく、幼児・子供、高齢者、妊婦、障がい者、外国人など多様です。このため、それぞれの立場に立ってまちをとらえることが大切です。防災まち歩きは、防災活動を行うにあたって、わがまちの再認識のための第一歩です。多様な目線で、意見を出し合い、まちに関する防災面での視点を養いましょう（図 4.1.1-1）。防災まち歩きでは、地域の地形、災害履歴、想定される災害とハザードマップ、かつての土地利用などの資料でまずは下調べをして、どのようなルートでまちをめぐるかを設定します。1km ～ 1.5km の距離を2時間程度でゆっくりと巡るのが良いでしょう。災害リスクに関わる視点だけでなく、安全な避難路、災害時に役立つ施設などを確認することが大切です。防災まち歩きを行った後は、参加者がそれぞれ気づいた点を発表する振り返りの時間を持ちましょう。効率よくルートの案内図を作成し、みんなで共有するためには、デジタル地図アプリを利用してみましょう。

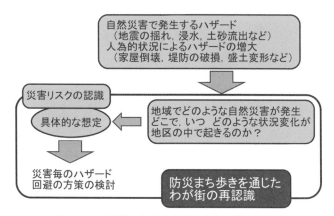

図 4.1.1-1　防災まち歩きを通じたわが街の再認識

4.1.2　防災まち歩きの意義

　地震による強い揺れや大雨に伴う河川の氾濫、がけ崩れや土石流などが生じたとしても、そこに人の暮らしや、施設などなければ、「災害」とはなりません。自然災害とは、自然現象によって、人が構築した建物や土木構造物などが破壊され、人にわざわいが及ぶことを指します。つまり、自然現象を発端として人為的な状況が災害を生じさせるのです。

　まず、皆さんが暮らす地域の自然の状況（地形・地質・植生）とまちのようす（建物・道路の状況、人々の暮らし方など）を合わせて、地域でどのような自然災害が発生するのかを想定してみることが大切です。防災まち歩きを行って、わがまちの想定される災害を再認識し、各種の自然災害によって、まちの状況がどのように変わるのかを考えてみましょう。この経験や意見共有を発端として、災害への対処の方策について具体的に検討を始めることができます。

　以上のことから、防災まち歩きは、地域の自然災害に対する防災力向上への第一歩として位置づけられます。

4.1.3　地域の災害情報やインフラ情報を集める

　よく行われているまち歩きは、観光要素やまちの歴史に関わる遺構・景観

などを中心に見学します。これに対して、防災まち歩きは、将来発生が危惧される自然災害で、どこに危険性があるのかを想定するだけでなく、まちの中にある災害時に役立つ施設や資源がどこに・どの程度あるのかを、そこに暮らす人々が自ら確認し合うものとなります。このため、まちを見る観点も「災害」を意識して、まちの再確認を行う必要があります。このため、災害に関する行政が公開している各種の資料を準備して、まち歩きの計画を立てる必要があります。

（1）　地形と災害

　みなさんのまちで重視すべき災害は何でしょうか？　川に近い低地に位置する地域ですと、河川氾濫や大雨による水害や、地震時の揺れやすい低地を構成する軟弱な地盤による地震被害などがあげられます。沿岸部の低地では、津波についても注意が必要です。丘陵や山地では、がけ崩れや土石流の危険もあります。地形区分と起こりえる災害（地震・津波・水害・土砂）との関係をまとめたものを下の図 4.1.3-1 に示します。表 4.1.3-1 を参考にして、皆さんのまちの周辺の地形を確認し、どのような災害に注意すべきかを確認しましょう。

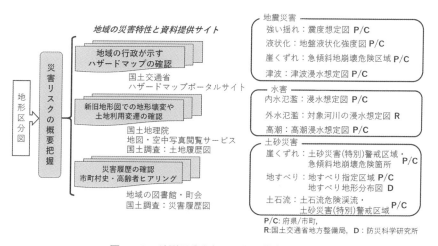

図 4.1.3-1　地形区分と起こりえる災害との関係

表 4.1.3-1　地形区分と自然災害との関係

地形区分		地震災害			津波	水害			土砂災害		
		強い揺れ	液状化	崖くずれ		内水氾濫	外水氾濫	高潮	崖くずれ	地すべり	土石流
山地	山地			○					◎	◎	
	山麓堆積地形								○	○	○
扇状地							○				◎
台地・段丘				○	△						
低地	砂丘			○	△			○			
	砂州	○	○		○	○	○	○			
	自然堤防	○	○		○		○	○			
	氾濫平野	◎	○		○	◎	○	○			
	後背湿地	◎	○		○	○	○	○			
	浅い谷	○			○	○	○	○			
	凹地				○	◎	◎	○			
	天井川周辺						◎				
	河川敷		◎		○		○	○			
人工地形	高い盛土地	○		◎					○	○	
	切土地			◎					○		
	農耕平坦化地	○		○							
	盛土地	○		○							
	埋立地	○	◎		○			○			
	干拓地	○	◎		○	○	○	○			
	旧河道	○	◎		○	○		○			

▦　沿岸域

◎：　起こり得る可能性が特に高い
○：　起こり得る可能性が高い
△：　規模が大きいと起こり得る

(2)　ハザードマップや災害にまつわる主題図

　地域で認識しておくべき自然災害の種類とそれによって生じる災害ハザード（地震の揺れの強さ、浸水の程度、土石流の到達範囲、がけ崩れの危険範囲など）は、地域の役所がハザードマップとして公開しています。これらの地図は役所から住民に配布されていますし、役所のホームページでも確認す

ることができます。将来的に地震を起こす可能性のある活断層の分布は、国土地理院の都市圏活断層図が Web サイトで公開されていますので確認してみましょう。

　同じ地震の揺れでも、老朽化した建物の多い地区と耐震性のある建物が立地する地区では、被害の程度は異なってきます。水害についても、低層の建物の多い地区と、高層建物が建つ地区では同じ浸水深であっても、避難の仕方に違いがあります。このため、まちの建物の状況を含めて被害を考える防災まち歩きの実施が必要となります。

　土地利用の変遷を見ておくことも災害を考えるうえで重要です。海岸の埋立地や、ため池や河道を埋め立てた場所などは、地震時に地盤液状化を発生させやすく、思わぬ被害拡大が生じます。かつて、水田が広がっていた土地は、地表近くに軟弱な地層が存在し、地震時の揺れ（震度）が大きくなりがちです。過去のその土地の履歴を知るには、国土地理院が Web 上で公開している地図・空中写真閲覧サービスが役立ちます。このサービスは、これまでに発行してきた地図や空中写真を発行年代で検索・閲覧できます。このほか、時系列地形図閲覧サイト「今昔マップ on the web」は Web GIS 上で現在と過去の地形図を重ね合わせて表現し、容易に比較できる情報提供を行っています。これらのサイトから、かつての土地利用状況や地形改変の状況を確認することができます。大都市周辺では、土地履歴図として、新旧地形図の比較から、地形改変の状況をわかりやすく示した主題図が国土交通省の Web サイトで公開されています。

　まちの災害履歴を確認することも防災まち歩きの準備として大切です。過去に起こった災害は将来も繰り返し起こるものとして、それに備える必要があるからです。まちの災害履歴は、市町村史として書籍にまとめられ、役所やまちの図書館で閲覧できます。生じた災害の大きさやその範囲などを示した図面も示されていることがあります。大都市周辺地域の災害履歴図は国土交通省 Web サイトから閲覧できます。

（3）　防災まち歩きの実施

　防災まち歩きは、参加者が各地点で観察したものを、意見を気軽に言い合いそれぞれに再認識することが大事な点でもあります。このため、多くの人

数で行うと、意見を交わせないことになるので、10名程度、最大でも15名までの参加者で行うことが良いでしょう。行程は1.5km程度を目安にして、2時間程度でまちをめぐるペースでゆっくりと散歩するように行いましょう。

　防災まち歩きで準備することやチェックポイントを表4.1.3-2に示します。防災まち歩きの計画者が、案内役を務めるとともに、問いかけや資料を参加者に確認してもらうことを促し、参加者の気づきを大切にし、気軽に意見を出し合える雰囲気をつくり、参加者みんなで状況を共有することが大切です。

　各地点で、地形の特徴、想定される災害状況の確認、災害直後のまちがど

表4.1.3-2　まち歩きのチェックポイント

危険箇所
・がけ地，高い石垣，盛土（土砂崩れ） ・倒れそうなブロック塀，看板，石灯籠，鳥居，古い建物（転倒・倒壊） ・落下しそうな屋上広告物，高い煙突（落下・倒壊物） ・狭い道，袋小路（道路閉塞・火災延焼） ・木造家屋の密集地（古くからの集落明治の地形図との見比べ） ・浸水の危険がある低い土地（緩やかな坂道のも注目） ・用水路・側溝・小川（浸水時に危険） ・見通しの悪いカーブ・曲がり角・アンダーパス（避難時の安全性） ・過去に災害があった箇所（同様の災害リスクが高い） ・土地利用の歴史（地区の市史，区史，明治の地形図，被害分布に関わる） ・沿岸埋立地，河川やため池の埋立地（液状化のリスク高い） ・緩やかな坂道（地盤の性状の違い）
災害時に役立つ施設や場所
・消火栓，ホース，防火水槽，水路，井戸，消防用倉庫，防災倉庫など ・指定避難所，学校，公民館，公園，地元企業（災害時協力）など ・消防署，警察署，病院，公衆トイレ，マンホールトイレ ・コンビニエンスストア，スーパー，薬局，ガソリンスタンド ・通信設備，公衆電話，AEDなどの設置場所
避難施設（地区で割り当てわれている施設，どの災害で利用できるか？）
・指定避難所：小学校，中学校，高校など ・一時避難所：公民館，コミュニティハウスなど ・一次集合場所：公園，集会所など
避難路
生活道路，1車線道路，2車線道路，緊急時広域避難路，緊急時避難路 アンダーパス，踏切，立体交差，横断歩道，階段

うなりそうか、どのような対処が求められるのか、災害時に役立つ施設や資源があるのかを確認し、話し合いましょう。

　防災まち歩きの後、30分程度の時間を持ち、簡単な振り返りをみんなで行い、感想や気づいたこと、今後の備えに向けた行動などを話し合いましょう。

（4）　Googleマイマップを用いたモデルルート作成方法

　防災まち歩きを行うにあたって、参加者へのルート・見学地点の効率的な共有の仕方について紹介します。防災まち歩きのルートや地点を決めて、それらを地図上に示し、参加者と共有する必要があります。紙の地図を用意してその上にルートや地点を示すのが一般的ですが、効率よく防災まち歩きの地図を作成するには、地図アプリを用いる方法があります。ここでは、Googleマイマップ（以下マイマップ）を使った方法を紹介します。Googleアカウントを持っていれば、このアプリをパソコン上ですぐに利用できます。

　（a）　地図作製の準備

　マイマップでWebサイトを検索すると利用開始ページが表示されるので、「利用を開始」をクリックして「新しい地図」の作成ページに移行し、左上のボタンをクリックすると地図作成ページが表示されます。左上の枠内に地図の名称（初期は「無題の地図」となっています）を設定し、地図の説明を入力することもできます。マイマップは、項目の異なる地図情報をレイヤに分けて作成し、複数のレイヤを重ねて表示させたり、表示させるレイヤを選択して表示させたりできます。初期段階は、レイヤがひとつ設定されています。このレイヤの名称（初期は「無題のレイヤ」となっています）を設定します。これで、地図作成の事前の準備ができました。

　（b）　地点情報・ルートの入力

　マイマップ画像の上部の正方形のアイコンボタンがあり、マーカー追加（地点を追加できる）、ライン描画（折れ線や多角形範囲の描画ができる）、ルート追加（指定した地点から次の地点までのルート探索でのルート追加ができる）ができます。

　マーカー追加ボタンをクリックすると、マウスポインターが「＋」マークになるので、地図上で該当する地点に動かし、マウスクリックで位置設定ができます。ポイント情報を入力する設定枠が示されるので、ポイント名称とそ

の説明文を入力します。この入力枠の右下にカメラアイコンがあるので、画像を表示させたい場合は、このアイコンをクリックして、画像の保存場所を選択・指定します。これで地点の登録ができました。登録された各ポイントは左のレイヤ部分に入力順にリストされています。

　ライン描画アイコンをクリックするとマウスポインターが「+」マークになるので、まち歩きルートを地図上に折れ線で描きます。描画情報を入力する設定枠にマーカー追加の手順と同じように名称・説明文を入力します。ラインでなく範囲を多角形（ポリゴン）で示すこともできます。その場合は、描画の終了点を開始点に合わせることでポリゴンとして登録されます。ラインやポリゴンの線の太さや色、塗りつぶしの設定は、情報入力枠の右下に示されるアイコンをクリックして設定を変更してください。

　（c）地図の共有

　以上の地図入力操作で作業した内容は、マイマップの自分所有のデータとして保存され、設定した地図名のアイコンが登録されます。いつでも、作業の再開が可能です。また、作成した地図を他者と共有するには、地図名のアイコンの上部にある矢印マークをクリックすると Facebook、X（旧 Twitter）、メールのいずれかで共有情報（地図のデータの URL）を送ることができます。

　地図の共有設定を行うことで、複数名で地図の作成を行い、多くの方に公開することも可能です。このようなデジタル地図アプリを活用することで、紙の地図にはない利便性が向上しますので、活用してみてください。

（5）実施例

コミュニティ防災人材育成のプログラム開発に際して、地区の各種コミュニティで活動されている方々、防災士グループ、企業グループ、地区自治会役員、中学生などを対象に防災まち歩きを行ってきました。これまでに実施してきた防災まち歩きの事例について、巻末資料で紹介していますので参考にしてください。

【参考資料】

国土交通省 重ねるハザードマップ

https://disaportal.gsi.go.jp/hazardmap/maps/index.html

国土地理院 都市圏活断層図

https://www.gsi.go.jp/bousaichiri/active_fault.html

国土地理院 地図・空中写真閲覧サービス

https://mapps.gsi.go.jp/maplibSearch.do#1

谷 謙二 時系列地形図閲覧サイト「今昔マップ on the web」

https://ktgis.net/kjmapw/index.html

国土交通省 土地履歴図

https://nlftp.mlit.go.jp/kokjo/inspect/landclassification/land/saigai_rireki.html

国土交通省 災害履歴図

https://nlftp.mlit.go.jp/kokjo/inspect/landclassification/land/saigai_rireki.html

Google マイマップ

https://www.google.co.jp/intl/ja/maps/about/mymaps/

4.2　オープンソース防災教育 AR アプリ "MUSUBOU-AR" の開発と地域防災における活用

　大阪公立大学都市科学・防災研究センター（UReC）では、防災まち歩きなどの防災教育において、地域の様々な災害リスクを子どもたちや住民の方々にわかりやすく示すために、拡張現実（AR）機能を実装した地図アプリ「MUSUBOU-AR（旧名称：CERD-AR）」（以降、AR アプリ）の開発を行い、地域防災の取り組みの中で活用を進めてきました。このアプリを活用することで、災害が起こりえる場所で、浸水や火災などの仮想的な災害アニメーションを AR 表示することができ、リアリティのある災害体験を訓練の参加者に提供することができます。

　またこのアプリは、防災教育の機会で広く活用してもらうために、App Store で公開するだけでなく、オープンライセンスとしてプログラムコードを公開しています。本章では、近年開発した AR アプリの新機能の解説や、いくつかの防災教育での活用事例、そして、アプリの今後の開発について紹介します。ここでは、AR アプリの概要を理解し、防災まち歩きや防災イベントでのアプリの活用を考えていただけたらと思います。

4.2.1　ARアプリの基本機能

　ARアプリはGoogleマップのような地図アプリにAR機能を実装したアプリです。防災まち歩きなどで必要に応じて地図モードとARモードを切り替えて使用します。ARアプリでは端末のGPS機能により、現在位置を原点として、アイコンをAR表示します。また、現在位置が災害の設定範囲に入っているかを判断しますので、GPS機能が搭載されていないiPad Wi-FiモデルでのARアプリの使用は正確なAR表示が行えません。

　ARアプリの中で使用するデータは、いくつかの種類があります。まず、背景地図にハザードマップなどを重ねて表示するためのGISデータと、まち歩きの経路を表示するラインデータがあります。これらについては後の節で解説します。ここでは、ARアプリの中で一番重要な仮想災害や、防災施設を示すポイントデータ（data.geojson）について少しだけ触れたいと思います。App StoreからARアプリをダウンロードした際には、利用者の端末にはこのdata.geojsonが入っていません。その代わりに、インターネットを通じてサーバーからサンプルデータをダウンロードしたものが表示されています。data.geojsonの記述方法については、公開しているドキュメントを参考にしてください。また、ARアプリの基本機能についての解説や防災まち歩きの際に実施したアンケート調査の結果は、日本建設情報総合センター（JACIC）のWebサイトで公開されています。

4.2.2　近年開発したアプリの機能

（1）　iPhoneのユーザーインターフェイスの改良

　これまでのARアプリの開発では、主な利用端末としてiPad（GPS機能が搭載されているセルラーモデル）を想定し開発を進めてきました。従来からiPhoneでもARアプリを利用することができましたが、横画面の表示でしか対応していなかったため、まち歩きでは両手で端末を持つ必要があるなど、操作性において課題がありました。今回、図4.2.2-1のように、iPhoneの端末の向きに応じて縦画面・横画面表示を自動的に切り替えることができる機能を実装しました。これにより、片手でも端末を持ちARアプリを安全に確認や操作することができるようになり、操作性が向上しました。

　利便性に関しては、AR アプリの
アイコンなどのユーザーインター
フェイス（UI）を、多くの世代で
受け入れられるような親しみのあ
るアイコンを開発し、操作しやす
いよう改良した点と、地図モード
の地図表示を、ななめ表示にも対
応した点があげられます。また、
図 4.2.2-2 のように、ひとりでもま
ち歩きを行えるよう経路情報を地
図表示するための改良を行いまし
た。

　AR アプリの動作時には、GPS
や Wi-Fi ／セルラー通信、そして、
AR の 3 次元表示など、端末に高い
負荷がかかるため、iPad（特に保
護ケース付き）で夏場の屋外での
利用は、端末のオーバーヒートに
より一時的に利用できなくなって

図 4.2.2-1　iPhone でななめ地図表
示を縦表示した画面

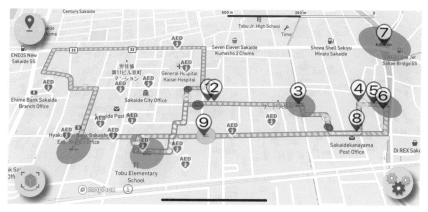

図 4.2.2-2　まち歩きの経路情報（水色）を表示した画面

しまう場合があります。iPhone 端末は、保護ケース付きであっても iPad 端末と比べると熱耐性は強く、夏場の屋外の利用でも十分に AR アプリを利用することが可能です。また、iPhone 14 Pro 以降の端末は、画面輝度が従来モデルより高いため、屋外の明るい環境でもディスプレイの表示がはっきりと見やすいというメリットもあります。

（2）　地図タイルデータの重畳表示機能

AR アプリの地図モードでは、ハザードマップのような「面」の地図情報を重畳表示し、より詳細な地域の災害リスクについて住民にわかりやすく示すことができます。この機能では、国土地理院が採用している地図タイル画像配信における標準的な規格（XYZ タイル方式）に対応しており、この規格に準拠したデータであれば、AR アプリで地図データを活用することができます。XYZ タイル方式で配信されている地図データとして、国土地理院が提供する地理院タイルや国土交通省のハザードマップポータルがあげられます。これらのサイトで提供される GIS データについては、AR アプリで動作確認を行いました。

下は国土地理院が公開している空中写真（1961 年～ 1969 年）の配信用 URL です。

https://cyberjapandata.gsi.go.jp/xyz/ort_old10/{z}/{x}/{y}.png

また、地理情報システムの QGIS とプラグイン（たとえば QTiles）により、独自の地図タイルデータ（XYZ タイル方式）を作成し、Web サーバーによりデータを配信することで、独自のデータも AR アプリで使用することが可能です。

（3）　Apple Watch との連携機能とデータの可視化機能の開発

Apple Watch は、利用者の行動（GPS による位置情報など）や生体情報（心拍数など）を記録することができます。これらの情報を分析し活用することで、訓練参加者の体力の把握や行動をふりかえり、訓練効果の測定にも活用することができます。近年の開発では、ペアリングしている iPhone と Apple Watch を利用することで、AR アプリ上で Apple Watch で計測するデータの記録が行える機能を開発しました。

これまで、Apple Watch で記録する行動情報（GPX 形式）と生体情報（JSON 形式）は別々のデータで管理され、また、それぞれのデータ記録のタイミン

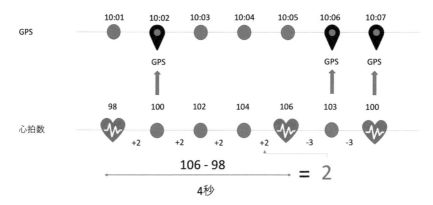

図 4.2.2-3　Apple Watch で計測する心拍数の補完

グが異なることにより、2 つのデータの時刻を同期することができませんでした。しかし近年、AR アプリで Apple Watch データを記録する際に、前述の生体情報のデータを補完することで 2 つのデータを同期し、GPX 形式の 1 つのデータとして出力する機能を開発しました（図 4.2.2-3）。

　AR アプリで出力された GPX 形式のデータを可視化するために、今回Web システム（GPXreaderWeb）を開発しました。このシステムでは、図 4.2.2-4 のように、Web マップ上に Apple Watch 利用者の GPS ログ情報と、

図 4.2.2-4　GPXreaderWeb で GPX ログを表示した画面

行動・生体情報（心拍数、歩行速度、高度など）を色別で表示することができます。

　また、GPXreaderWeb は GitHub 上でオープンソースとして公開しており、GitHub Pages から Web システムも利用することが可能です。

　さらに、並行して開発している e ラーニングプラットフォーム MUSUBOU とのデータ連携機能を実装しました。これにより、AR アプリから MUSUBOU に GPX データを送信することができ、MUSUBOU のダッシュボード（自分のマイページ）で、過去の自分の GPX ログを確認することができます。

（4）　iPhone Pro / iPad Pro の LiDAR 対応

　2020 年以降の iPhone Pro や iPad Pro 端末に搭載されているレーザー測距機能（LiDAR）を活用することで、より正確な空間認識が可能になります。LiDAR は、光の反射波を計測することで対象物の正確な距離を計測できます。近年の開発では、この LiDAR 機能の対応を AR アプリに実装し、AR 表示の可視化性能を向上させました。たとえば、浸水災害のアニメーション表示では、LiDAR により正確に地表面からの距離を計測し、設定した高さに水位を表示することが可能になりました。LiDAR 機能の実装には、Apple 社が提供する ARKit を用いるのではなく、Unity Technologies 社が提供するゲームエンジンの Unity を用いました。AR 表示できる災害アニメー

図 4.2.2-6　仮想災害（浸水）を AR
　　　　　 表示した画面

図 4.2.2-5　仮想災害（火災）を AR 表示した画面

ションの種類は、従来同様に火災、浸水、家屋倒壊、土砂崩れ、ブロック塀倒壊ですが、今回、液状化現象の災害アニメーションを追加しました。図4.2.2-5 と図 4.2.2-6 に、新しく開発した災害アニメーションの画像を示します。なお、LiDAR 非対応の端末で AR アプリを使用する場合は、自動的に従来の ARKit の災害アニメーションが表示される仕様になっているため、これまでの端末でも AR アプリを引き続き活用することが可能です。

4.2.3　防災まち歩きでの活用

　これまでに防災まち歩きでの AR アプリの活用は、様々な機会（小学校〜高等学校の生徒や先生、地域の住民の方々）で実施してきました。防災まち歩きで AR アプリを用いることで、案内人の話を聞くだけの機会から、災害の起こりえる場所で、起こりえる災害を体験することができ、訓練効果を高めることや災害や防災の「わがごと」化を促進することができます。

　AR アプリの仮想災害は、タイマー機能により災害を発生させ、時間の経過とともに拡大させることが可能です。たとえば、木造家屋の密集地帯で火災範囲がリアルタイムに広がるシナリオや、津波や河川氾濫により浸水範囲が拡大していくシナリオが、AR アプリを活用することで可能となります。この機能を活用した過去のまち歩きでは、河川氾濫により浸水範囲が広がるなか、水害時避難ビルへ避難する訓練を実施しました。

　AR アプリでは、災害を仮想的に体験できるだけでなく、前述したように、浸水に関するハザードマップや、古い航空写真などを重畳表示することができます。たとえば、まち歩きで現在立っている地点が、昔はため池や海であり、液状化のリスクが考えられる、ということを伝えるために活用することができます。

4.2.4　防災イベントや地域学習での活用

　近年、大阪府（都市整備部）を中心に AR アプリの活用が進んでいます。大阪府では、防災まち歩きではなく、地域の防災イベントで子どもたち向けの防災啓発活動に、AR 体験と防災クイズのコンテンツを開発しています。たとえば、2022 年度ならびに 2023 年度に、大阪府門真市で開催されたキタ

ショウフェスティバルでは、旧門真市立北小学校跡地運動場を、AR アプリを用いて歩き、浸水や火災などの災害体験とそれらの災害に関連するクイズ動画に答えてもらう体験イベントを実施しました（図 4.2.4-1）。このクイズ動画は YouTube にアップロードし、AR アプリのアイコンに動画 URL を埋め込むことで、AR アプリ上にクイズ動画を表示することができます。防災まち歩きでは、AED の操作方法や、まち歩きの解説用にこの動画機能を活用しています。

このようなイベントでの活用時には、AR アプリで使用するいくつかのアイコンを、自治体のゆるキャラに置き換えるカスタマイズを行い、クイズ動画と連動するような取り組みを行なっています（図 4.2.4-2、4.2.4-3）。また、スタンプラリーサービスの RALLY を活用し、クイズの回答を入力することでスタンプが取得できるような工夫をしています。

大阪府以外の AR アプリの活用事例として、摂南大学が企画した「地域の歴史と防災知識を学ぶまちあるきゲーム」があります。このまち歩きは、大阪府寝屋川市ベル大利商店街を中心とした地域学習と防災教育を組み合わせた親子向けのまち歩きゲームです。詳細については、後掲参考資料の Web

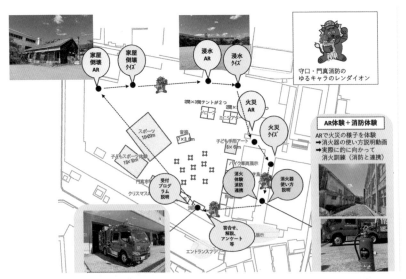

図 4.2.4-1　門真市キタショウフェスティバルでの AR 体験のプロット図

図 4.2.4-2　ゆるキャラを AR 表示した画面

図 4.2.4-3　災害対応に関するクイズ画面

サイトにまとめられています。

4.2.5　今後の開発

　本研究で開発した AR アプリは、Apple 社の App Store を通じて無償配布を行うだけでなく、アプリのプログラムコードなどをオープンライセンスとしてすでに公開しています。そのため、近年の AR アプリの活用状況は、大阪府などの自治体や大学を中心に普及し始めています。今後の課題のひとつとして、AR アプリのデータ作成ツールがあります。現状のツールは地理院地図 OSS をカスタマイズした Web システムであり、このツールを用いることで AR アプリのデータの作成・編集・出力ができます。しかしながら、Web システムのデータ作成における機能が限られているため（たとえば、まち歩きの経路データの作成）、データ作成における難度は高い、という課題があります。今後は、より高機能で操作性の良いデータ作成ツールを開発し、データ作成の簡素化を図ることで、さらなる普及を促進したいと考えています。

【参考資料】

AR アプリのポイントデータの記述方法

　　　https://bitbucket.org/nro2dai/cerd-ar/wiki/GeoJSON

防災教育向け AR アプリの開発とその活用に関する研究

　　　https://www.jacic.or.jp/josei/R01/REP2018-03.pdf

国土地理院 地理院タイル仕様

https://maps.gsi.go.jp/development/siyou.html
国土地理院 地理院タイル一覧
　　https://maps.gsi.go.jp/development/ichiran.html
ハザードマップポータル
　　https://disaportal.gsi.go.jp/
GPXreaderWeb
　　https://omu-geolab.github.io/GPXreaderWeb/
キタショウフェスティバル
　　https://www.city.kadoma.osaka.jp/soshiki/machizukuri/4/3/2/2/19844.html
RALLY
　　https://rallyapp.jp/
「わがままドラゴンが大暴れ!? 魔女とベル大利を救おう大作戦!」Webサイト
　　https://sites.google.com/view/witch-dragon/home
AR アプリのソースコード公開サイト
　　https://bitbucket.org/nro2dai/cerd-ar/src/master/
地理院 OSS をカスタマイズした AR アプリのデータ作成ツール
　　https://cerd-ocu.github.io/CERD-ARmap/

4.3　防災 DIY ゲーム 避難行動学習
　　〜いつ、何をする？自分で決めて動こう!〜

4.3.1　概要

　防災 DIY ゲームは、頻発・激甚化している台風時の避難行動をくりかえし疑似体験することで、避難のタイミングや取るべき行動を自分で決める力を身につけるゲームです。

　DIY は通常 "Do It Yourself" の略ですが、ここでは "Decide It Yourself" という意味もあり、自分や大切な人のいのちを守る『避難行動を自分で決めて動こう』という思いを込めています。

　自分で避難行動を考え、災害時に役立つ対応力を高めるためにぜひチャレンジしてみましょう。

4.3.2　開発の経緯

　2020年度、台風によってもたらされる気象変化に対応した避難行動を学習することを目的とした災害対応行動アプリの開発に着手し、その骨格部分を開発しました。台風によってもたらされる災害に関する知識、気象情報を獲得するための知識、気象情報を読み解くための知識などを習得しながら、アプリ利用者が能動的な行動を起こすことを促進する構成にしました。

　その後、2021年度は特に表現方法をユーザーフレンドリーなものにして利用者に継続してもらえるような工夫を凝らしました。当時、コミュニティ防災人材育成プログラム参加者約20名を対象に試用してもらい、課題の抽出と改良を行いました。学習面においては、仮想災害を体験しながら、今後の災害に備えてあらかじめ取るべき行動リストの作成を促し、防災力・減災力の向上に結びつくようなツールを追加するとともに、備蓄品リスト・避難時携行品リストと併せていつでも見ることができるようにしました。繰り返し学習することによって、これらのリストの充実を図ることができるような設えにして、これらのデータをMUSUBOUプラットフォームで共有することができるようにしました。2022年度は、九州を縦断するような台風を対象として学習を行うことができるように教材の多様性を高め、現在に至ります。

4.3.3　学習方法

　（1）　ログイン（図4.3.3-1）

　はじめて使う場合は「はじめての方」をクリックしてください。

　2回目以降は「ログイン」からスタート画面に進めます。

　（2）　利用規約同意（図4.3.3-2）

　利用規約の内容をご確認の上、「利用規約に同意する」にチェックを入れて「登録画面に進む」をクリックしてください。

　＊2回目以降は表示されません。

　（3）　新規アカウント登録（図4.3.3-3）

　・Googleアカウントをお持ちの場合は「Googleでログイン」をクリックすると、Googleアカウントでログインできます。

図 4.3.3-1　ログイン画面

図 4.3.3-2　利用規約同意画面

・Google アカウントを使用しない場合は、メールアドレス、パスワード、ニックネームを入力して、「登録する」をクリックしてください。

・Google アカウントを使用することで、プラットフォーム MUSUBOU や MUSUBOU-AR とのデータ連携が可能になります（現在、準備中です）。

（4）　**スタート画面**（図 4.3.3-4）

・はじめての場合は「はじめから」をクリックしてください。

図 4.3.3-3　新規アカウント登録画面

図 4.3.3-4　スタート画面

防災 DIY ゲーム
https://bousai-diy.musubou.net/

- 2 回目以降は「つづきから」をクリックすると前回の続きから始めることができます。
- はじめからやり直したい場合は「はじめから」をクリックしてください。
- あとはゲームの中の指示に従って、進めてください。
- 何度もプレイすることで、携行品や備蓄品、事前行動のリストが充実し、適切な災害対応行動が学べます。

4.4　ワークショップ

　講座とまち歩きやワークショップといった実践的な演習を通じて、コミュニティ防災人材に必要な能力と技術を学ぶ段階です（表 4.4-1）。コミュニティの特性に合わせて、自助、共助を中心に、防災・減災に関する情報収集、リスク評価、行動計画、ファシリテーション、などを学びます。

表 4.4-1　第 2 段階の主なワークショップ例

	プログラム	ワークショップ	内容
4.4.1	まち歩き振り返り	まち歩きを振り返ろう	グループワーク
4.4.2	コミュニティ防災と人材育成	コミュニティ防災人材とは	個人ワーク、グループワーク
4.4.3	ICT をコミュニティ防災に活用してみよう	LINE オープンチャット防災訓練を体験しよう	状況付与に対応する模擬訓練
4.4.4	コミュニティ防災に必要なスキルを身につけよう〜ファシリテーション講座〜	異なるコミュニティの相互理解のための課題と解決のためのアクションを話し合おう	役割分担、ディスカッション、合意形成、発表
4.4.5	地震時に安全な室内環境を考えよう	自室のリスクを点検しよう	個人ワーク、グループワーク
4.4.6	コミュニティに関わるハザードと災害リスクを分析してみよう	あなたとコミュニティで優先すべき災害リスクのベスト3を教えてください。	個人ワーク、グループワーク

ワークショップ共通の準備と役割分担

準備

　グランドルール（はじめに参加者で決めて可視化するのが最適です。）

　アイスブレイク（参加者が初対面などの場合は自己紹介を兼ねて行います。）

役割分担

　全体ファシリテーター、全体板書、グループファシリテーター、グループ板書、グループタイムキーパーとグループ発表者をワークショップの前に決めます。人数が少ない時には、ファシリテーターと板書は兼ねることができます。

4.4.1　防災まち歩き振り返りワークショップ

テーマ

　防災まち歩きを振り返ろう。

ゴール

　実際にまちを歩くことによって気づいたことを共有し、どうしたらより安全なまちにしていけるのかをコミュニティで考え、共有できるようになることをめざします。

準備しておくもの

　A1用紙くらいの大きさの地図、付箋、太ペン。

　ワークショップの概要：まち歩き終了後、A1用紙の地図に、歩いてみて気づいた点や感想を、付箋に書いて貼り付けていきます。1グループにつき8人以内が理想的です。ファシリテーション講座で学習したファシリテーターで進行・調整役を務めます。各グループで記録係、タイムキーパーなど役割分担も決めておきます（図4.4.1-1）。

　ARアプリも用いたリアルな防災まち歩きを通して、災害時をイメージしながら被害想定を書き込んでいきます。今昔マップや国土地理院地図などで過去に起こった類似災害の映像や写真、過去の地形なども参照するとよいでしょう。そして、具体的な災害の危険性、例えば、沼地や湿地帯、水田や谷を埋めた場所は、地震の揺れは他よりも大きく、そのために浸水に見舞われやすい、など、議論を参加者で交わす時間を設けます。

　同時に、災害時に役立つポイントやまちの資源も付箋に書いて共有します。

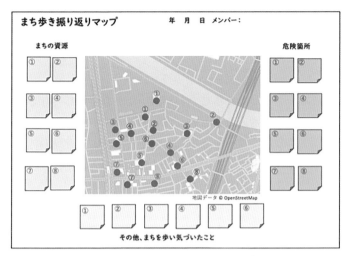

図 4.4.1-1　防災まち歩きの振り返りマップの作り方

もしも不足しているものが見つかれば、コミュニティで準備をすることを具体的に提案することができるでしょう。

具体的なワークの流れの例

ワーク①

　防災まち歩きで歩いたコースの中で特に印象が残ったポイント、周囲の人に伝えたいと思ったポイントに印をつけて付箋に書いてもらいます。

ワーク②

　今回のコース以外で、わがまちで気になるポイント（課題、まちの（防災）資源）に印をつけて付箋に書いてもらいます（参加者が暮らすまちを歩いた場合に行います）。

ワーク③

　その日のコースまたは、参加者が暮らすまちであればコース以外も含めて、地理的要因でも物的要因（建物、看板、塀など）でもないポイントに印をつけて付箋に書いてもらいます。（例：この通りは高齢者がよく通る、この公園は子どもたちがよく遊んでいる、この通りはペットの散歩コースなど）

ワーク④

まちの課題の解決策を付箋に書いて課題の横に貼ります。（すでにまちの防災資源で解決できる場合は付箋同士を矢印でつなぎます。その時点で解決策のない課題はこれからの対策につなげます。）

ワーク⑤

最後に各グループでどんな話し合いがあったかを全体で共有し、さらに防災視点でまちを歩いて考えたことの可視化を試みます。

ポイント：まちの危険箇所や課題と、まちの（防災）資源の付箋は色分けをしておきましょう。ポイントの色も分けて、他の人が見たときもわかりやすいことも意識します。

4.4.2　コミュニティ防災と人材育成

ゴール

コミュニティ防災人材に必要な能力・活動を説明できるようになることをめざします。

レクチャ

コミュニティ防災と人材育成についてのレクチャを行います。ます、コミュニティ（防災）にまつわるキーワードを出していきます。多様なコミュニティ（主体）、テーマ型コミュニティ、企業コミュニティ、地域コミュニティ、コミュニティに属さない人、マンション、子育て、企業、非営利団体、リスク評価、課題認識、人材育成、目的設定、実践と見直し、コミュニティの強化、他のコミュニティとの連携、コミュニティの自発性、モチベーション、などを示します（図4.4.2-1）。

コミュニティ防災は英語では community based disaster management（コミュニティを基盤とした災害管理）といわれています。災害管理という言葉は聞き慣れないかもしれませんが、危機管理をクライシスマネジメントというように英語では「マネジメント」はよく使われる表現です。

具体的には、以下のような特徴があげられます。

・コミュニティおよびそのメンバーが主体的・自発的に取り組む活動

・コミュニティの活動、共助の活動を重視

・住民同士の結びつきを強くするための活動を重視

図 4.4.2-1　コミュニティ防災のキーワード

・ボトムアップ型の活動

・幅広い主体の協働（マルチステークホルダー）が重要

・関係者がフラットな関係で協議・活動する

・リスク・脆弱性評価に基づいた防災行動計画・アクションプランを策定する

・防災マップの作成、まち歩き、避難訓練などの活動を実施する

　コミュニティ防災がなぜ必要かというと、公助には限界があるからです。

　コミュニティ防災人材とは、地域コミュニティをはじめ、多様なコミュニティにおいて防災に積極的に取り組み、自身だけでなくコミュニティのメンバーの防災への意識向上、スキルアップを促進する人材のことです。コミュニティ防災人材に必要な能力とは、①高い防災意識を持っていること、②防災の専門知識を持っていること、③人を動かす力やつなぐ力を持っていることです。

ワークショップ

　レクチャをさらに深めるためのワークショップを行います。

テーマ例

　コミュニティ防災人材とは○○ができる人。○○にあてはまる言葉を考えてください。

準備しておくもの

　模造紙（A0用紙）またはホワイトボード、付箋、太ペン。

具体的なワークの流れの例

ワーク① (個人ワーク)

テーマについて、○○の中に入る言葉を3つ考えてもらいます。

ワーク② (グループワーク)

グループで共有します。個別に考えた言葉を発表し、グループで共有します。板書係はホワイトボードや模造紙などに、記録します。タイムキーパーはタイミングよく時間を知らせます。その後、話し合って、個別に考えた言葉の中から最適だと思う言葉を3つに絞ってもらいます。

ワーク③ (発表・全体共有)

各グループで考えた言葉を全体で共有します。各グループの発表時間はワークショップ全体の時間で調整します。時間を取れるようであれば、全体で言葉を3つ選んでもよいでしょう。考える言葉の数は3でも5でも1でもかまいませんが、その言葉に至った過程「なぜそう思ったか丁寧に聴きましょう。その過程も記録するとコミュニティ防災人材について、参加者がどう思っているのかを深めることができます。また、言葉を絞らずに、リーダーシップ、知識力、実行力、調整力、その他などグループ分けするのもよいでしょう。

4.4.3 ICT をコミュニティ防災に活用してみよう

ゴール

ICT のコミュニティ防災への活用法を説明できるようになり、活用できるようになることをめざします。

レクチャ

ICT をコミュニティ防災の活用法のレクチャを行います。まず、ICT についてですが、ICT (Information and Communication Technology) は「情報通信技術」の略であり、IT (Information Technology) とほぼ同義の意味を持ちますが、コンピューター関連の技術を IT、コンピューター技術の活用に着目する場合を ICT と、区別して用いる場合もあります。緊急速報、安否確認、被害予測、情報収集の分野でも防災における ICT は多く活用されています。表 4.4.3-1 から表 4.4.3-3 に一例をあげておきます。

表 4.4.3-1　災害時に役立つテレビニュースやラジオを聞く方法

	ウェブサイト	アプリ
NHK ニュース	http://www3.nhk.or.jp/news/live/?utm_int=all_contents_tv-news_live	https://www3.nhk.or.jp/news/news_bousai_app/
NHK ラジオ	http://www3.nhk.or.jp/netradio/	NHK ラジオ　らじる★らじる http://www3.nhk.or.jp/netradio/sp/app.html
radiko	http://radiko.jp/	https://play.google.com/store/apps/details?id=jp.radiko.Player&hl=ja　（Android） https://itunes.apple.com/jp/app/radiko.jp/id370515585?mt=8（iPhone）

表 4.4.3-2　防災に役立つ行政サイト・SNS 例

	ウェブサイト	Twitter
気象庁	http://www.jma.go.jp/jma/index.html	https://twitter.com/jma_kishou
首相官邸	http://www.kantei.go.jp/	https://twitter.com/Kantei_Saigai
内閣府	http://www.cao.go.jp/	https://twitter.com/cao_bousai
国土交通省	http://www.mlit.go.jp/	https://twitter.com/mlit_japan
国土交通省 川の情報	https://www.river.go.jp/index	

表 4.4.3-3　防災に役立つアプリ・ウェブサイト例

	ウェブサイト	ウェブサイト PC アプリ	アプリ
重ねるハザードマップ	https://disaportal.gsi.go.jp/maps/?ll=35.353216,138.735352&z=5&base=pale&vs=c1j0l0u0t0h0z0	○	×
浸水ナビ	https://suiboumap.gsi.go.jp/	○	×
NHK ニュース Web	https://www3.nhk.or.jp/news/catnew.html	○	○
NHK ニュース・防災アプリ			
Yahoo! 防災速報	https://emg.yahoo.co.jp/	○	○
ウェザーニュース	https://weathernews.jp/	○	○
特務機関 NERV 防災	https://nerv.app/	×	○
逃げトレ	https://nigetore.jp/	○	○

ワークショップ

レクチャをさらに深めるためのワークショップを行います。

テーマ例

LINE オープンチャット防災訓練を体験しましょう。

準備しておくもの

あらかじめ、LINE のオープチャットのグループを開設し、QR コードを作っておきます。

訓練の状況設定

設定①

班分け（A 班：避難所運営委員会、B 班以降：避難者）を行い、状況付与ごとにシャッフルします。

設定②

参加者のいる場所の設定を行います。例）避難所に来ています。

設定③

発災日時、自然災害の種類と規模を提示します。

設定④

ライフラインの状況を提示します。

状況付与例

状況付与①

全員→安否を災害対策本部に伝えてください。

状況付与②

避難者→混乱した避難所ではどんなことが心配ですか？

避難所運営委員会→避難者に回答してください。

状況付与③

避難者→1 日後の避難所ではどんなことが心配ですか？

避難所運営委員会→避難者に回答してください。

時間があれば 3 日（72 時間）の不安なこと、対応策について繰り返します。

最後に避難所運営委員会側、避難者側の立場になって避難所での困難を共有

し、それぞれの立場で避難所の改善を目指すために ICT をどう活用できるか、その可能性について話し合うのもよいでしょう。

4.4.4　コミュニティ防災に必要なスキルを身につけよう

ゴール

コミュニティ防災に必要な基本スキルであるファシリテーションとチームビルディングを説明できるようになることをめざします。

レクチャ

コミュニティ防災に必要なスキルであるファシリテーションとチームビルディングについてのレクチャを行います。コミュニティの会議では、時に、「参加者の発言が少ない」「会議の目的がわからない」「参加者の意見がまとまらない」「会議のテーマがズレてしまった」「会議がいつまでも終わらない」といった残念な会議例について示します。残念な会議の問題点と解決方法例は図 4.4.4-1 のとおりです。参加者の発言が少ない時、発言しにくい雰囲気があったり、声の大きな人がいることで他の人から発言が出ないことが原因の場合

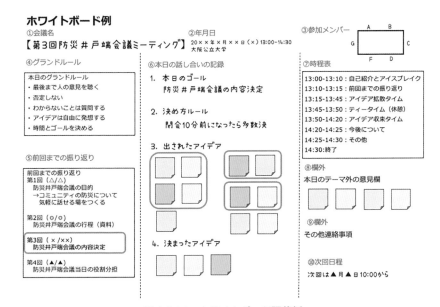

図 4.4.4-1　ホワイトボード記載例

があります。その時は、会議の前にアイスブレイクを入れたり、会議前に会議のルールを示したりすることなどの解決方法があります。

　何を話し合っているのかわからない時、問題点は会議の目的と行程が示されていないことが原因の場合があります。その時は、はじめに会議の目的と行程を決めるまたは示すことなどの解決方法があります。参加者の意見がまとまらない時、会議のゴールが示されていないことが原因の場合があります。その時は、初めに会議のゴールを決めたり、示しておくなどの解決方法があります。

　会議がいつまでも終わらない時、終了時間が示されていないことが原因の場合あります。その時は、初めに会議のタイムスケジュールを示しておくことなどの解決方法があります。

　決め方がわからない時、合意形成のルールが示されていないことが原因の場合があります。その時は、はじめに合意形成のルールを決めておくなどの解決方法があります。

　会議のテーマがずれてしまう時、会議の流れの軌道修正ができていないことが原因の場合があります。その時は、途中で軌道修正を行うなどの解決方法があります。レクチャでは、この解決方法の具体例、準備例を示します。

ワークショップ
　レクチャをさらに深めるためのワークショップを行います。

テーマ例
　異なるコミュニティの相互理解のための課題と解決のためのアクションを話し合いましょう。

準備するもの
　模造紙（A0用紙）またはホワイトボード、付箋、太ペン。

具体的なワークの流れの例
ワーク①（グループワーク、ディスカッション）
　グループの中でディスカッションを行います。ファシリテーターはグループ全員に発言を促します。1人の発言に全員がうなずく、「なるほど！いいね！」

などの合いの手を入れるような雰囲気を作ります。板書はホワイトボードや模造紙にその発言を記録していきます。発言ではなく、付箋に書いて出してもらう、あるいは板書の方が後で整理しやすいと思います。タイムキーパーは最適なタイミングで時間を参加者に伝えます。

ワーク②（グループワーク、発言の整理）

ディスカッションを整理して、1つの効果的なアクションをグループで考えます。ファシリテーターと板書は参加者の発言をグループ化するなどして、参加者がアクションを提案しやすい環境を作ります。タイムキーパーは最適なタイミングで時間を参加者に伝えます。

ワーク③（発表、全体共有）

各グループで考えたアクションを共有します。発表者には、コミュニティそれぞれの強みと課題について述べてもらうこと、考えたアクションが双方のコミュニティの課題の軽減につながる、または強みをさらに強くするなど、他者を説得できるような発表を心がけるようにしましょう。

4.4.5　地震時に安全な室内環境を考えよう

ゴール

住居内の危険個所を発見して、自身で防災対策できるようになることをめざします。

レクチャ

地震時に安全な室内環境についてのレクチャを行います。地震による室内被害と対策について、とくに家具転倒を中心に解説します。1995年の阪神・淡路大震災の死傷者のデータ分析より、家具転倒のみで死亡に至るケースは多くないものの、体重の軽い高齢者・子どもでは危険があることを解説します。具体的には骨盤骨折や大腿骨骨折というケースが多いこと、平常時にはまれな大腿骨中央部の骨折もあり、避難に影響を及ぼす可能性が高いことを解説します。大腿骨骨折により入院加療が必要になり、脚力の弱っている高齢者などは最悪の場合、寝たきりになる可能性があることも解説します。こうしたことを防ぐためには、まずは簡単にできる家具の配置の工夫を行い、安全な室内環境を整えます。配置の工夫だけで十分でない場合は、家具の転

倒防止のための固定を行うことが必要です。

　家具の配置の工夫のポイントは、まずは、避難経路の確保です。そのために、避難通路を塞がないように配置したり、廊下には家具類を置かないようにしたりします。また、長い時間を過ごす「寝る場所」や「座る場所」にはなるべく家具を置かないようにします。どうしても置く場合には背の低い家具にするか、家具の置き方を工夫します。住宅の窓ガラスが破損することは居住者の怪我の原因になりますし、周辺にいる人を傷つける可能性もあります。それを防ぐためには、窓際には重量物や転倒・落下・移動しやすい物を置かないようにします。大切なことは、住居内でなるべくものを置かない安全スペースを作っておくことです。その他の工夫点としては、低い本棚を直交に配置したり、重量物を低部に配置することで重心をさげて転倒を防いだりする方法があります。重要なことは、就寝空間の安全性を確保できているか、真っ暗闇でも行動（避難）できるかなど地震時の状況をイメージして家具を配置することです。

　次に家具の固定についてですが、固定器具は次のようなものがあげられます。

- ・L字金具
- ・2段分離家具用連結器具
- ・プレート式器具
- ・ベルト式器具（チェーン式、ワイヤー式）
- ・ポール式（つっぱり棒式）
- ・ストッパー式
- ・ストラップ式
- ・マット式（粘着マット式）
- ・ヒートン＋ロープによる方法
- ・連結金具とボルトナット
- ・キャスター下皿
- ・開放棚落下防止器具

　固定器具は家具や取り付ける壁面の強度によって使用できる場合とできない場合があります。L字金具が最も固定効果が大きいですが、取り付けられ

出入口、窓、家具（種類、高さ）、滞在場所を記入

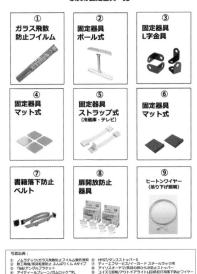

図 4.4.5-1　地震時に安全な室内環境を考え
　　　　　 よう　ワークシート

図 4.4.5-2　家具の固定器具一覧

ない場合は、他の器具を使います。その場合は、ポール式＋ストッパー式、ポール式＋マット式というように組み合わせ使用をすることで効果を大きくすることが可能です。

ワークショップ

　レクチャをさらに深めるためのワークショップを行います。

テーマ例

　地震時を想定して自室の安全を考えよう。

準備しておくもの

　自室用ワークシート、固定器具リスト（図 4.4.5-1、4.4.5-2）。

具体的なワークの流れの例

ワーク①（個人ワーク）

　参加者に配布のワークシートに普段の生活で長い時間を過ごす部屋の家具

を記入してもらいます。出入口や窓の位置、参加者自身や家族がよくいる場所も記入してもらいます。固定器具リストを参照しながら、家具を固定するシミュレーションを行います。

（9.資料集　資料4 地震時に安全な室内環境を考えようワークシート参照）

ワーク②（グループワーク）

グループで共有します。他者と家具の配置や家具の固定についての手法をグループで共有することで自らの対策に活かし、周囲の人への啓発につなげます。

4.4.6　コミュニティに関わるハザードと災害リスクを分析してみよう

ゴール

コミュニティのハザードとリスクを理解し、最適な防災アクションを考え、実施できるようになることをめざします。

レクチャ

コミュニティのハザードとリスクの理解と、最適な防災アクションの考え方のレクチャを行います。防災の一番の目的は人的被害の抑止、すなわち「いのちを守る」ことです。当たり前のことですが、防災・減災を始めるには、「いのちを守る」ためには何をすればよいかを具体的に考えていくことが必要です。地震や台風は人間の力ではコントロールすることはできません。すなわちハザードは変えることはできません。従って、脆弱性を低下させることが、防災・減災の基本となります。脆弱性はいわば弱点であり、自分や地域の弱点を明らかにして、それを少しでも低下させることが必要です。脆弱性には2種類あります。物理的脆弱性では、住宅、室内、空家、防火、道路などが対象となります。例えば、自宅が古く耐震性能に問題があれば、住宅が脆弱ですし、住宅が頑丈でも室内に転倒しそうな家具が多くあれば、室内が脆弱になります。近年、増えている空家が地域内に多数あると、そこは弱点となります。社会的脆弱性は人、世帯、コミュニティなどです。人の脆弱性は多岐に渡ります。我が国は高齢化が進み、要介護者が増加し、若年層が減少しているため、脆弱性は増加していると考えられます。コミュニティの希薄化も防災・減災を考えるうえでは弱点となるでしょう。これらの脆弱性を把握

したうえで、それに合わせて防災・減災対策を充実させることになります。対策はハードとソフトに分けられます。ハード対策では建物の耐震化、家具固定、不燃化、道路拡幅などがあり、ソフト対策ではコミュニティ形成、訓練、教育、人材育成などが考えられます。

　コミュニティのハザードとリスクを知るためには、まずは具体的なハザード分析のために必要な情報を入手します。情報はハザードマップ、防災マップ、そのエリアの行政のウェブサイトなどで調べることができます。震災については、内陸型、海溝型の震災で想定される地震の予想震度、津波、発生確率を調べます。水害については、外水氾濫、高潮の河川名、浸水想定を調べます。内水氾濫の浸水想定も調べておきましょう。

　コミュニティの状況分析のためには、行政が用意している統計データを活用します。e-Stat（イースタット）は政府統計総合窓口ともいい、日本の各種統計が閲覧できるポータルサイトです。

　人口や世帯数を調べるためには国勢調査を使います。国勢調査は、我が国に住んでいるすべての人と世帯を対象とする国の最も重要な統計調査です。地域の行政を適切に進めるには，その地域に実際に住んでいる人の状況に基づいて行う必要があるため，一定時点ですべての人口・世帯を調査する国勢調査の結果が利用されています。災害時の対策などを想定する際には，その区域に実際に居住している人や通勤・通学する人たちの数を正確に把握することが必要なので、生活実態に即した行政運営の基準となる統計としては，住民基本台帳よりも国勢調査のデータのほうが適していると言えます。

　住宅数や住宅構造に関しては住宅土地統計調査を使います。住宅土地統計調査は、我が国の住宅とそこに居住する世帯の居住状況、世帯の保有する土地などの実態を把握し、その現状と推移を明らかにする調査です。

　これらのデータを分析することに加えて、まち歩きやコミュニティのメンバーでまちについて話し合うラウンドテーブルなどを開催することでよりコミュニティに関わるハザードと災害リスクのリアルを把握することができるでしょう。

ワークショップ

　レクチャをさらに深めるためのワークショップを行います。

テーマ例

　あなたとコミュニティで優先すべき災害リスクのベスト3を教えてください。

準備しておくもの

　リスクマップシート、リスクキーワード（図4.4.6-1、4.4.6-2）。

コミュニティで想定される災害リスクに優先順位をつけてみよう

死亡	負傷	コロナ感染	病気	断水	ガス停止
建物全壊	建物半壊	感染症	衛生不良	停電	電話不通
屋内被害	屋外被害	連絡不通	情報不足	食料不足	水不足
床下浸水	床上浸水	電車不通	道路不足	日用品不足	医薬品不足
火災	液状化	帰宅困難	ペット	衣料品不足	医療品不足

図 4.4.6-1　ワークショップ　リスクマップキーワード

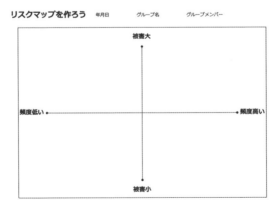

リスクマップを作ろう　年月日　　　グループ名　　　グループメンバー

被害大

頻度低い　　　　　　　　　　　　　　　　　　　頻度高い

被害小

図 4.4.6-2　ワークショップ　リスクマップワークシート

具体的なワークの流れの例

ワーク①（個人ワーク）

　以下の項目について、考えてもらいます。

　・あなたにとって優先すべき災害リスクとその理由

　・コミュニティにとって優先すべき災害リスクとその理由

ワーク②（グループワーク）

　グループで共有します。ファシリテーターはひとりが話す時間が長くならないよう、タイムキーパーと協力して、スムーズに進行します。板書は優先すべき災害リスクとその理由のキーワードを書くなどして、わかりやすく可視化します。

ワーク③（発表、全体共有）

　全体で共有します。全体ファシリテーターはグループワークの時と同様スムーズな進行を心がけます。板書も同様にわかりやすく可視化していきます。このワークショップはコミュニティに関わるハザードと災害リスクを分析し、課題解決のための最適な防災アクションを考えるための指標になるものと考えてワークショップを終了するとよいでしょう。

課題：コミュニティのハザードと災害リスクを分析しよう

　このプログラム修了者には上記の課題の提出が求められます。

　（9.資料集　資料5コミュニティのハザードと災害リスクを分析しよう課題シート参照）

コラム2

地域の災害の履歴を学べる災害にまつわる伝承碑

三田村 宗樹

　国土地理院では、地形図上に自然災害伝承碑を 2020 年から表示するようになりました。自然災害伝承碑の情報は、国土地理院が各市町村に依頼してデータを集め、それらを地図上に表示できるようにしたものです。2023 年 11 月末現在で 2024 基が登録されています。これらの伝承碑は、災害で被災した先人が災害のようすや災害の教訓を石に刻んで私たちに伝えてくれた大切なものです。このような碑を活用して、地域で過去に起こった自然災害の履歴や災害のようすを知ることができます。大阪府域の登録数は 18 基が現在登録されています。南海トラフ地震・津波にまつわるものが 3 基、明治時代の淀川氾濫に関わるものが 5 基、室戸台風に関わるものが 8 基、その他の水害に関わるものが 2 基となっています。国土地理院では自然災害伝承碑を、過去に発生した自然災害に関する発生年月日、災害の種類や範囲、被害の内容や規模、教訓が記載されたものと定義していて、この条件に見合う石碑は限定的なってしまいます。災害犠牲者の慰霊碑や治水事業の竣工碑などは、災害伝承碑に当てはまらないため、このような碑はリストには載ってきません。

　しかし、災害犠牲者の碑であっても、その地域に大きな災害が生じたことを示すものですし、その河川流域で治水事業が必要なほど氾濫に苦しめられていたことがわかる材料でもあります。例えば、昭和 9 年室戸台風にまつわる記述のあるものは 20 基以上も大阪に存在します。この台風は中心気圧 911hPa（本土上陸した台風での中心気圧の最低記録）で 9 月 21 日午前 8 時ごろに阪神間に上陸し、阪神間では強風が吹き荒れ、当時登校していた学童が木造校舎の倒壊で多数犠牲になりました。このため、多くの小学校に犠牲になった学童の慰霊碑が建立されています。また、淀川沿いでは、明治 18 年淀川大洪水にまつわる碑が 30 基ほど認められます。この洪水は、明治期の河川法の成立や淀川改修の発端とな

った災害で、災害のようすを示したもの、犠牲者を弔うもの、治水事業にまつわるものなど多様で、淀川に架かる橋梁の多くが被災したことから、橋梁碑にもこの水害のことが示されています。このように災害に関わる犠牲者、功労者、復旧・対策事業なども含めて地域に建立されている碑を見直すと、地域の災害履歴がわかってきます。

　災害にまつわる石碑だけではなく、神座の祭礼として災害に由来するものも見られます。大阪市西淀川区野里住吉神社の「一夜官女祭」（2月20日）は河川氾濫と疫病を鎮めるために人身御供となった女性たちを弔う祭りで、神社の奥には生贄を捧げたとする「龍の池跡」と乙女塚があります。野里は、かつての淀川河口の分流である中津川のほとりであった場所で、明治の淀川改修で中津川は埋め立てられましたが、現在でも低地であり、水害のリスクがある地域となっています。

　われわれは、先人たちが残してくれた災害にまつわる伝承碑や祭りなどの風習から、地域の災害履歴を再度学び、防災活動につなげていく必要があります。市町村史などを紐解くと、関連の石碑や風習の由来などを知ることができますので、まち歩きなどで活用してください。

5章

第3段階
インストラクター養成編

5. 第3段階　インストラクター養成編

　コミュニティ防災人材として実践的な能力を獲得する段階です。コミュニティの特性に合わせた講座と防災・減災の現場を想定した演習から構成されます。防災訓練の企画や会議の進行を考える演習、災害対応ロールプレイング演習といったこれまでの学習の成果を総動員する内容を準備しています。

5.1　プログラムの内容

　第3段階では、まず、コミュニティ活動で必要な3種のスキルを学び（選択制）、次いでそれらをロールプレイング災害対応訓練につなげます。そしてこの第3段階修了者がインストラクター役を担います。

5.1.1　ICT スキル（情報収集・発信・コミュニケーション）

　災害が起きたときにはそのフェイズごとにニーズが変化し、必要な情報も変化します。

フェイズ0：緊急期（0〜24時間）

　災害発生直後はまず、災害の今後の状況、被害状況、火災状況、ライフラインの状況、電話など通信状況、交通機関の状況、道路状況、一時避難場所・災害時避難所の情報、病院・医療機関の情報などが必要になります。

フェイズ1：応急期（24〜72時間）

　発生から24時間が経過した頃必要になる情報は、救援情報、給水情報、仮設トイレ情報、入浴に関する情報、ゴミの収集情報、がれきの撤去情報などが必要になります。

フェイズ2：復旧期（72時間〜）

　店舗の開店情報、銀行・金融機関の情報、医薬品に関する情報、仕事の情報、学校の再会情報、学習の場の情報、ボランティア情報、保険に関す

る情報、り災証明情報、税の減免手続き情報、仮設住宅情報などが必要になります。上記のような情報を入手するために最適な情報ツールがあります。

　大切なことは、災害が起きる前に重ねるハザードマップで災害リスクを知ること、災害ダイヤル171などで安否情報の送受信の方法を確認しておくこと、災害情報を得るためのアプリやサイトを使い慣れておくことです。これらが、災害が起きたときに慌てずに必要な情報を受信できる秘訣であることを伝えます。

　災害発生後、復旧に向けては多様なメディアから流れる情報は非常に重要ですが、情報収集の手法は時代とともに推移しています。東日本大震災の時は、発災時はラジオが主だったのが、応急対応期には防災無線、テレビ、ラジオが主になり、復旧期には近隣住民の口コミ情報が主になっていきました。熊本地震では、発災時から復旧期まで終始、携帯電話、携帯メール、SNS、テレビが中心でした。

　このように災害時に用いる情報の受発信は、平時と同じツールを使用することになるようです。

　特に近年はSNSが、個人に限らず、自治体などでも積極的に使われるようになってきています。災害発生時にSNSを利用する大きなメリットとしては、情報発信をリアルタイムに行えることがあげられます。電話の場合、多くの人が電話を使うことで回線が落ちてしまわないための回避措置として、災害発生直後は通信会社により通信規制が行われ、電話がつながりにくい状態に陥ってしまいます。そのため、SNSは災害時の情報収集や安否確認の手段として役立ちます。

　プログラムでは、災害時に役立つコミュニケーションツールとして活用できるICTを、そのコミュニティに合わせていくつか紹介し、ワークショップを行います。以下はその例です。

Google keep（グーグルキープ）　https://www.google.com/intl/ja/keep/

　Google Keepとは、Googleの提供するメモサービスです。アプリでも使えるので、スマホやパソコンどちらでも使える機能です。平時においては備

蓄や持ち出し品のリスト化や Google カレンダーと連携することでリマインダーを逃さずタスクを実行できます。また、共有することもできますので、コミュニティでタスクや To do リストを管理することができます。

Torello（トレロ）　https://trello.com/ja

　Trello は、海外製の無料タスク管理ツールです。Elegant for Trello を Google Chrome に追加すればガントチャートも作成できます。タスクをコミュニティで共有することで、タスクの進捗状況を共有したり分担することが可能です。

Glide（グライド）　https://www.glideapps.com/

　Glide とは、アメリカ発のアプリ開発用のノーコードツールです。データベースをデータベースの知識がなくても Google スプレッドシートで管理することができます。

　スマホアプリの開発に特化したツールなのでプログラミング経験のない人でも、Google スプレッドシートさえ使えれば、自由自在にデータを扱えるようになります。

　「自分でアプリを作りたい」という個人やコミュニティのため、無料のテンプレートが用意されています。

Canva（キャンバ）　https://www.canva.com/

　Canva は、オンラインで使える無料のグラフィックデザインツールです。61 万点ものテンプレートと、1 億点の素材（写真、動画、イラスト、音楽）があり、ドラッグ＆ドロップの簡単操作で誰でも簡単にあらゆるデザインを作成できます。パソコンはもちろん、スマートフォンやタブレットでも使えます。Canva では、誰とでもすぐに共同作業することが可能です。コミュニティで共同編集を行うことで事業の目的、ターゲットなどに対する合意形成を可視化するワークショップツールとして活用することができます。

5.1.2　ファシリテーションスキル（円滑な議論と合意形成）
レクチャ

　以下の 4 点にまとめました。

① 場のデザインを考えよう

　　ファシリテーターはいわゆる司会者ではありません。その役割は、議論を円滑に進め、ゴールに向けたサポートを行います。そのためには、自身が目的を理解したうえで、資料や会議室の準備を担当したり、会議やワークショップの目的や議題、心構えなどを参加者に共有する必要があることを伝えます。そのために、グランドルールの準備もしておきます。これは、参加者全員が大前提として守るもので、具体的には、「他者の意見を否定しない」「他者を考えて発言は短く」といったものです。こうした約束事を事前に設定し、それを参加者全員で守るようします。場合によっては開始前に参加者全員で作るというワークを入れる場合もあります。また、小道具として、模造紙と付箋、ホワイトボードなどを使うことも効果的です。間接的な小道具としては、お茶やお菓子、音楽などをタイミングよく入れることもあります。

② 意見の言いやすい環境を作ろう（意見の拡散）

　　ファシリテーションを行う目的は、円滑な議論を行い、すべての参加者が納得できる結果を出すためです。そのため、参加者が発言しやすい環境づくりが必要となります。他の参加者への遠慮や普段のコミュニティでの上下関係から、本音が言えないこともあるため、ファシリテーターは中立的な立場から、参加者が安心して発言できる雰囲気作りに努めます。

③ 意見を構造的に絞りこむ

　　ファシリテーターは、議論の内容を整理して、構造的に絞り込んでいきます。会議で出された意見には、さまざまな性質のものがあるため、模造紙やホワイトボードを使ってグループに分けていきます。このように目の前で見える化を行い、参加者で共有します。議論が熱くなると、つい話が逸れてしまうこともありますが、その時は冷静に元の議論に戻すことも役割です。

④ ゴールに向けてまとめる

　　議論の方向性が見えたら、ゴールに向けてまとめていきます。対立する意見が出ることもありますが、どの意見がより目的に適しているか考え、それぞれの意見を中立的に伝えていきます。その他ゴールに至らな

い会議やワークショップの場合は、次の会議の議題を明確にしたり、今後のアクションに向けて、「誰が」「いつまでに」「何をするのか」を明確にして認識を一致させるなど、会議を着地させることがファシリテーターの役割です。

ワークショップ

レクチャで学習した4つのファシリテーションスキルをテーマを決めてワークショップを行います。グループの中にファシリテーター、タイムキーパー、記録（板書）係、発表者などを決めて、それぞれの役割を果たしながらワークショップを進行していきます。

5.1.3　コミュニティマネジメントスキル（状況判断・地域資源）

コミュニティマネジメントスキルの達成目標は、以下の4点です。
・コミュニティのハザードとリスクを分析し、共有することができる
・コミュニティに合った防災計画を立てることができる
・計画に基づく防災アクションやイベントを実行することができる
・計画を実行することで計画を評価し、計画を改善することができる

このプログラムでは、その参加者の状況に最適な防災ゲームを選び、実施します。参加者はチームで協力して災害に対応することの重要性を学びます。

【参考資料】（プログラムで使用したゲーム例）

防災教育教材 EVAG 避難行動訓練　豪雨災害編　国土防災技術株式会社
　　https://www.jce.co.jp/csr/disaster-education-evag/
災害協力シミュレーションゲーム ダイレクトロード「内陸の町」「海辺の町（Basic、Standard）」　神戸市消防局
　　https://www.jce.co.jp/csr/disaster-education-evag/

5.1.4　ロールプレイング災害対応演習（状況付与型・状況創出型）

このプログラムは、災害状況対応のためのアクションについて学びます。緊急・応急対策を現実に起こる場面を想定して、複数の人それぞれ役を演じ、疑似体験を通じて演習することで、災害緊急・応急期適切に対応できるようにする学習方法をロールプレイ災害状況対応演習といいます（図5.4.4-1 ～ 5.4.4.-6）。

ロールプレイ形式の訓練の実施体制

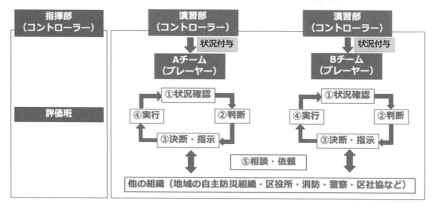

図 5.1.4-1　ロールプレイ災害対応演習 1

本日の登場人物の設定（A）（例）

	本人	大学生	高齢者	団体職員	防災に詳しい人
演習の役割	リーダー(ファシリテーター)→記録（タイムキーパー）→発表者→タイムキーパー→板書 （順番に担ってください）				
性別・年齢	男性・50歳	女性・20歳	女性・70歳	女性・40歳	男性・30歳
居住歴	3ヶ月前に引っ越してきたばかり	2年前から住んでいる	結婚して45年この町に住んでいる	10年前から住んでいる	生まれた時からこの町に住んでいる
職業・役割	会社員 他区で働いている	学生 他区の大学に通う	地域の女性部長	NPO法人代表 同地区の在住在勤	自営業 地域防災リーダー
家族	母と同居 母は 要介護2 デイサービス利用	家族と同居 ペット（犬）	夫と二人暮らし 近くに娘夫婦がいる 孫はアレルギー	夫、子ども2人 娘・息子	妻と子どもと3人暮らし
	登山が趣味 英語が得意 老後は海外で暮らしたいと思っている	音楽系サークル所属 ICTが得意 SNSの繋がりが広い 飲食店でバイト中	ウォーキングが趣味 町の人に詳しい 地域のまとめ役	ヨガが趣味 地区の子育て支援団体の代表 地区の子育て世帯については詳しい	工務店を経営 同世代の友人と地域活動をしている

図 5.1.4-2　ロールプレイ災害対応演習 2

本日の登場人物の設定（B）（例）

	本人	大学生	高齢者	ウェブデザイナー	防災に詳しい人
演習の役割	リーダー(ファシリテーター)→記録（タイムキーパー）→発表者→タイムキーパー→板書 （順番に担ってください）				
性別・年齢	女性・40歳	女性・20歳	女性・70歳	男性・50歳	男性・60歳
居住歴	1ヶ月前に引っ越してきたばかり	2年前から住んでいる	結婚して45年この町に住んでいる	10年前から在勤者	生まれた時からこの町に住んでいる
職業・役割	会社員他区で働いている	学生他区の大学に通う	地域の女性部長	コミュニティ誌の編集長	自営業地域防災リーダー
家族	小学生の息子と同居他府県に両親がいる	家族と同居ペット（犬）	夫と二人暮らし近くに娘夫婦がいる孫はアレルギー	この地区に事務所を構えている	妻と2人暮らし
	仕事に追われる毎日英語が得意この地域にずっと暮らすつもりはない	音楽系サークル所属ICTが得意SNSの繋がりが広い飲食店でバイト中	ウォーキングが趣味町の人に詳しい地域のまとめ役	地元のコミュニティ誌を作っているので地区に関しては詳しい人脈もある	工務店を経営同世代の友人と地域活動をしている

図 5.1.4-3　ロールプレイ災害対応演習 3

災害対応の時系列表（例）

発災後	内容	場所	おこりそうなこと
30分	安否確認	家の近く	家族の安否の心配 ご近所の安否の心配　他
60分	消火・救助・避難誘導	一時避難場所	火災・生き埋め・ 避難経路が危険な状況　他
120分	避難所開設	災害時避難所	避難者の混乱、怪我人の続出、 体調不良者の続出　他
24時間	避難所運営・多様性	災害時避難所	自分や家族の体調不良 支援物資と避難者数のアンバランス 多様な人の困りごと（アレルギー、障がい、外国籍の方、女性、妊婦　他）
48時間	避難所運営・防犯	災害時避難所	防災倉庫の管理方法 寒さ対策（焚き火） 夜間の避難所の危険性
72時間	ボランティア	災害時避難所	ボランティアへの対応 ボランティア団体との連絡調整

図 5.1.4-4　ロールプレイ災害対応演習 4

本日の演習の流れ（例）

	時間	時間	内容	発災後	状況付与	場所
1	16分	10分 3分×2	WS 発表	20分	安否確認	家の近く
2	16分	10分 3分×2	WS 発表	60分	消火・救助・避難誘導	一時避難場所
3	16分	10分 3分×2	WS 発表	120分	避難所開設	災害時避難所
休憩　5分						
4	16分	10分 3分×2	WS 発表	24時間	避難所運営・多様性	災害時避難所
5	16分	10分 3分×2	WS 発表	48時間	避難所運営・防犯	災害時避難所
6	16分	10分 3分×2	WS 発表	72時間	ボランティア	自宅

図 5.1.4-5　ロールプレイ災害対応演習 5

本日の訓練の評価ポイント（例）

	評価のポイント	詳細
1	議論のプロセス	・定量的な情報と定性的な情報の区別 ・原則による対応 ・倫理的対応 ・臨機応変な対応 ・説得型コミュニケーション ・納得型コミュニケーション
2	リーダーの役割 （今回は本人）	・状況を正確に伝える ・判断材料を与える ・議題を明確にする ・明確な対応（誰に・何を・いつ）を決定する
3	調整係の役割 （今回は高齢者）	・不確実な条件の提示 ・推測できる条件の提示
4	記録係の役割 （今回は大学生）	・発言を網羅して記録する ・議論の結果を簡潔に記録する ・他者へ伝達しやすく記録する
5	タイムキーパーの役割 （今回は大学生）	・時間の経過による危険性を伝える ・安全のためのタイムスケジュールを提示する

図 5.1.4-6　ロールプレイ災害対応演習 6

　大規模災害を想定した状況（被害想定、シナリオ）をつくり、図上で災害を模擬体験するものです。訓練を受ける側（演習部）と運営する側（指揮部）に分かれていて、指揮部はシナリオを知っているが、演習部は知らされていません。

　演習部は、指揮部の演じる役割（防災リーダー、住民、行政など）からの情報を収集・整理・分析し、状況判断のうえ、なすべき行動を決断・指示して、報告を受けるという一連の動きについて訓練します。

　具体的な手法としては、まずは5～6名ほどのグループに分かれます。その中で参加者はランダムに割り当てられた「本人（会社員）」「大学生」「高齢者」「防災に詳しい人」などの属性の人物になりきります。通常、「防災に詳しい人」はサポーター（コミュニティ防災人材育成プログラム第3段階修了生）が担当します。この場合の「防災に詳しい人」はわざと型通りのことを言ったりしてグループをわざと混乱させたりもします。そのような時にもグループ内の意見を集約して、合意形成に導くトレーニングの意味合いもあります。コントローラーは大学が担当し議論の過程を見守ります。グループのメンバーは、自分と周囲に対して時間を追うごとに降りかかってくる困難を自己犠牲ではなく、協力しあって指定された時間内に議論を尽くして出た対処方針を発表します。コミュニティ防災人材育成プログラムの総仕上げの演習になります。

5.1.5　サポーターのOJT（On the Job Training）の場としての第3段階

　第3段階は、プログラム修了者がサポーターとしてインストラクター役を担います。第3段階は、プログラム修了生にとって、コミュニティ防災人材としての知識や技術などをブラッシュアップする機会にもなっています。

災害対応演習から見えた意思決定のプロセス

生田 英輔

　コミュニティ防災人材育成プログラムには第2段階や第3段階でロールプレイ形式の災害対応演習を組み込んでいます。実際の災害時に現場では多様なコミュニティの人が集まり、混乱の中も災害対応を進めていかなければならないです。そこで、このような状況をより理解し、最善の意思決定ができることを目標とした演習を考えました。また、コミュニティ防災という特性上、属性、背景、立場などが異なる人とも円滑に意思決定をしなければならないです。そのためにはロールプレイ形式で、自分とは異なる人になりきってみる機会も必要と考えました。演習内容の詳細は5章1.4項を参照いただければと思います。

　ここではこの演習での参加者の意思決定プロセスを記録し、分析した結果を紹介します。いずれの項目もどれが正解ということはありませんが、円滑かつ広く納得してもらえる合意形成には参考になる内容と考えます。

1. 議論のプロセス例

　定量的な情報と定性的な情報を区別して、「多くの人が集まっている」ではなく「〇〇人が集まっている」という情報を意識的に提示することがありました。原則による対応では「マニュアルでは〇〇することになっている」「〇〇が担当することになっているので、我々の管轄外である」といった発言がありましたが、相反する「臨機応変に対応すべき」という発言とで議論が並行してしまうことがありました。その他、「命が最も大事」「子どもが最優先」という発言もありましたが、対応が複雑な状況では議論が進まなくなることもありました。参加者間の意思決定のプロセスは多様でした。

2. リーダー役の対応例

　いきなり対応を伝えるのではなく、現在の状況を正確に他者に伝えたうえで判断材料や選択肢を与えるという例がありました。リーダーは議

題・課題を明確にし、明確な対応（誰に・何を・いつ）を決定するのが、基本です。

3. 調整役の対応例

　条件を提示するにしても、確実な条件と不確実な条件を提示することが必要です。憶測ばかりで議論するのも良くないですが、ある程度推測できるのであれば、不確実な条件を判断材料として提示するのもよいでしょう。

4. 記録係の対応例

　記録という作業は、現場が混乱している状況では難しいかもしれませんが、次の対応に向けて発言を網羅して記録できるのが理想的です。さらに、議論の結果を簡潔に記録する、他者へ伝達しやすく記録するというのも平時から訓練しておくのもよいでしょう。

5. 工夫された対応例

　状況の要因や理由を考えたうえでの発言として「〇〇だから〇〇という状況である」というものや、要因を複数あげて「ＡとＢという可能性がある」という例も見られました。また、判断材料としての情報収集を重視し、「行動の前に情報収集すべき」「情報収集手段を複数提案する」という例もありました。人的・物的リソースの配分も重要な項目であり、「誰をどの役割につかせるか」「〇〇にある〇〇を使う」といった形で明示する例もありました。さらには、他の主体への依頼や派遣後の状況を考えて、「断られたとき」「戻ってこないとき」の対応を考える例もありました。対応を考えるうえで、リスク評価を行い「〇〇の危険性がある」と最初に提示することも重要でしょう。意思決定にあたってのエビデンスの収集と評価として「スマホで撮影」しておくという発言もありました。

以上のように演習とはいえ、実際の災害対応においても鍵となるポイントや活用できそうな工夫が多く見つかりました。このようなプログラム参加者から生まれた知見を、つぎのプログラム参加者へ伝えていくのもコミュニティ防災人材育成プログラムの特徴となります。

6章

修了者の声

6. 修了者の声

プログラムを修了した方々に次の5項目について伺いました。
① 参加のきっかけがあれば、教えてください。
② コミュニティ防災活動の関わりについて、教えてください。
③ プログラム修了後、自分のコミュニティへのアプローチが変わりましたか？
④ プログラム修了後、コミュニティとコミュニティをつなげるような取り組みに関わりましたか？
⑤ プログラムで学んだ手法の中で「これは役に立っている」というものがあれば教えてください。

K.S. さん

① 女性だから出来る防災活動もあるということを聞き、興味を持ちました。
② コミュニティ防災人材育成プログラムのサポーターとして他地域のプログラムに参加するようになりました。
地域でも今までとは違う立場のメンバーで防災実行委員会を立ち上げることとなり、定期的な会議ならびにメンバー内の訓練や年に一度の防災訓練や避難所開設訓練を新たに実施する予定です。
③ 私の地域では振興まち会（防災リーダー）中心の防災活動をしていましたが、他地域に比べると遅れを感じていたので、②と重なりますが、改めて違うメンバー（防災リーダーも含む）で実行委員会を立ち上げるように提案し、実施に至りました。
④ 地域の重度障害児童のデイサービスなどと災害時の対応などについて話し合いを進めています。
⑤ まだプログラムとしては使っていませんが、日頃から地域の各団体でLINEグループは作っているので、災害時にも活用したいと思っています。

M.K. さん

①　以前より防災に興味があったところに、大学事務局、区まちづくりセンターから声をかけてもらったことがきっかけです。

②　コミュニティ防災人材育成プログラムのサポーターとして他地域のプログラムに参加するようになりました。元々あるコミュニティ（小学校PTA）へのアプローチが深まり、その中に新たに防災委員会を立ち上げました。そこで、校外パトロールという防犯活動に防災活動も併せて行うことを提案し、継続しています。皆で共有した方がよいポイントをGoogleマイマップにアップロードする作業を卒業後も手伝っています。

③　地域コミュニティの防災活動にも積極的に参加し、「地区防災計画」制作チームにも入り、発言もしやすくなりました。また、昨年には、新企画の地域のウォークラリー大会において防災コースを担当しました。

④　PTAと地域、企業と地域です。「地区防災計画」のご説明をして、今後のご協力をお願いしています。

⑤　Googleマップ、LINE、ハザードマップ、Google keepなどを活用しています。

Y.Y. さん

①　大学事務局から直接お声がけをいただいたからです。

②　避難行動要支援者の個別避難計画作成の業務に関わっています。

③　プログラム修了後の早い段階に、他区の防災学習会や防災訓練を見学する機会をいただきました。他区の地域住民の方々の取組みを自区の防災事業の参考にできました。

④　プログラム修了後に防災担当課から高齢・障がい福祉担当課に異動になったのですが、今回の学びを活かし、障がい当事者団体との防災学習会、障がい支援事業所の方々の福祉防災学習会を実施予定です。

⑤　ファシリテーション技法やグラフィックレコーディングは、福祉分野における多職種連携においても非常に役立っています。

M.O. さん

① 大学事務からの声かけでした。元々、防災に関心があり、防災士もすでにとっていたので受講しました。

② コミュニティ防災人材育成プログラムのサポーターとして他地域のプログラムに参加するようになりました。支援地域では、『こちあるき～古地図で知る防災～』実施のきっかけを作りました。また、支援地域に防災での ICT 活用の呼びかけをしました。地元では子ども向け防災教室を実施しています。

③ 仕事柄、すでに地域向けの防災活動には関わっていましたが、ICT を活用した防災についてや、地理特性を知って対策を考えるなどの助言を心がけるようになりました。

④ 支援先のコミュニティと企業をつなぎました。

⑤ ハザードマップ、LINE、今昔マップです。

K.S. さん

① 住んでいる地域の防災に関わるきっかけとなればと思い、参加しました。

② コミュニティ防災人材育成プログラムのサポーターとして他地域のプログラムに参加するようになりました。

③ コミュニティでの防災活動への関わりが深くなりました。

④ まだ今はありません。

⑤ ハザードマップ、Google マップ、LINE、X、ダイレクトロードです。

K.O. さん

① 区役所から封書で案内もらったことがきっかけです。

② コミュニティ防災人材育成プログラムのサポーターとして他地域のプログラムに参加しています。地元の町内会で学習会をという話はあったのですがコロナのため実現しませんでした。

③ 地元で活動している団体の方が防災士講座受けたいとおっしゃっていたので、連携できればと思います。

④ つなげたわけではありませんが、とあるサークルの学習会に防災アド

バイザーとして呼ばれたことがありました。

⑤ 会社では Teams 全盛なので whiteboard を使いましたが、ジャムボードと使い方は似ているので経験を活かせました。

N.N. さん

① コミュニティ防災教室から市立大学さんで学ぶ機会を得たことからはじまり、現在のプログラム参加へと学ぶ場を提供していただいていることにつながります。

② コミュニティ防災人材育成プログラムのサポーターとして他地域のプログラムに参加しています。他区の「防災指導会」に参加することになりました。

③ 地域防災リーダーの総務として、訓練などの企画にたずさわっています。

④ 特にありません。

⑤ 教えていただいた手法を使いたいのですが、まだそこまではいっていません。

N.O. さん

① 大学事務局からお話を頂いてメトロで参加させて頂きました。

② コミュニティ防災人材育成プログラムのサポーターとして他地域のプログラムに参加しています。職場では防災士が増え、災害対策チーム（DRMT）が若返り、防災について興味を持ち始めてくれてます。

③ DRMT として、防災士に質問コーナーを作成し、防災に関する新聞を掲載する予定です、防災まち歩きを行い、危険箇所を確認したり、防災食を持参し、米を炊いたり、体験して頂こうと考えてます。職場、防災士 100% を目指してやっていこうという方向になりました。

④ 個人としては、職場の防災士を増やす取り組み、東淀川区の防災士を増やすことです。

先日、東淀川区の新庄小学校の防災イベントに知り合いを連れて参加させて頂き色々話を聞かせて頂きました。防災アシストの方や、社会福祉協議会の方ともご挨拶ができました。

東淀川防災アシストにも興味があり、今後、防災アシストの活動にも参加できればしたいなと思っています。また、社会福祉協議会のボランティア登録も考えています。

⑤　まち歩きでは、AR を使用できたらなと思ってますので、使い方などさらに学びたいと思います。ダイレクトロード、ロールプレイ演習なども様々な所でやっていきたいです。

E.A. さん

①　区の防災サポーター研修の一環であり、参加可能な日程であったため受講しました。

②　ご縁があり校区自主防災会に参加しました。また、堺市防災サポーター研修に参加する頻度が増えました。

③　教わったことを自分だけにとどめておくのはもったいないと感じており少しずつですが、自主防災会で情報や知識を共有したり実践しています。個人としての防災活動のモチベーションにもつながっています。

④　地域と地域（自主防災会で地域の夏祭りに出店、防災訓練の実施予定、堺市防災サポーターとしてイベント準備に参加中です。）
　　学校と地域（自主防災会から小学校へ出前授業予定です。）

⑤　付箋の使用、ホワイトボードの板書（内容によりやってみたいと提案中）
　　Google マップ（今後使用予定）
　　防災訓練で LINE オープンチャットをお試し予定
　　コミュニティで想定される災害リスク分析
　　ハザード情報と災害リスク情報の情報源や役立つサイト例
　　進行役になりそうな会議の場合は会議前にファシリテーションを復習して意識。
　　困ったときや定期的にも資料を読んだりしてイメトレ・モチベーション維持。
　　MUSUBOU の講義動画があることでわからないことがあったりするとまずは MUSUBOU で探してみようという安心感があります。
　　資料の書籍を読んでみる（地区防災計画制度入門読みました）

資料集

資料1　防災まち歩き資料の例（大阪市城東区中浜地区）

　中浜地区は、上町台地の東側の寝屋川と平野川が合流する低い土地にあります。中浜の地名は、平野川沿いの浜辺となっていたことを由来としています。中浜地区は、平野川沿いの自然堤防にあたる微高地に中世から集落が立地した地域でもあります。白山（シラヤマ）神社は微高地中でも高い位置にあり、この神社から東に徐々に地形が低くなっています。地形の特徴や街並みなどを確認しながら、まちの中にある災害リスクや災害への準備状況などを確認してみましょう。

　防災まち歩きのルートを図資料1-1に示します。約2kmのコースを2時間ほどかけてめぐってみることにしましょう。以下に、各見学地点に関する資料を示します。

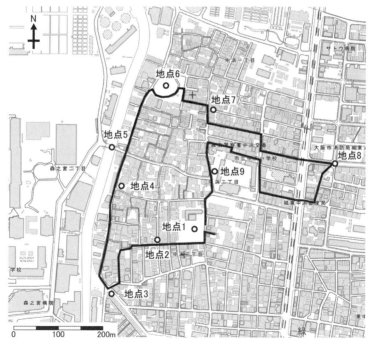

図資料1-1　防災まち歩きのルートと見学地点の案内図
（国土地理院作成の地理院地図を利用）

地点1（一時避難場所としての中浜中央公園）：中浜地区の南部の住民が一時避難場所として地震直後に集合する場所となっています。地域活動協議会・自治会の防災倉庫が置かれています。公園内の地下には防火水槽があり、地区の可搬式消防ポンプを格納した倉庫もあります。

地点2（中浜地区の古い街並み）：中浜地区は古くからの集落が立地していた地域で、第二次世界大戦の大阪大空襲の際にも焼失を免れた箇所が多くあります。このため、戦後の土地区画整理が行われず、現在に至った地区でもあり、生活道路が狭く、曲がって見通しがきかず、住宅密集地となっています。近年住宅の建て替えが進んでいますが、老朽化した建物もまだ多く存在します。地震での家屋倒壊による道路閉塞や地震後の火災には十分注意を払う必要のある地区です。

地点3（千間川（せんげんがわ）の跡地）：千間川は明治期に農業用水路として、平野川から河内高井田まで掘削された人工河川でしたが、都市化とともに必要がなくなり、埋め立てられ、道路や千間川公園となっています。このような川跡は、地震の際に地盤液状化を起こすことがあり、液状化による埋設管の破損、地盤沈下や建物の傾斜などの被害が現れることがあります。

地点4（白山神社）：白山神社は、平野川沿いの自然堤防にあたる比較的高い位置に建立されています。この神社を中心に、中浜地区は広がっていて、地形は東側に徐々に低くなる傾向にあります。このため、浸水被害想定では、地区の東側で浸水深が深くなる状況があります。中浜小学校を除いて地区内には高い建物はほとんどなく、小学校だけが水害時避難ビルとして指定されています。白山神社の夏祭りでは、だんじりが曳行されます。だんじり曳行も、地区の地車保存会と青年会員で運営されています。この活動は地区の住民をつなぐ大切なものです。

地点5（衛門橋から見る平野川と街並みの違い）：平野川にかかる衛門橋から平野川沿いに設置されている河川の護岸を見ることができます。地盤沈下によって低くなった土地を水害から守るために直立の護岸が構築されています。地区に降った雨水は、雨水排水で集められ、中浜下水処理場から寝屋川に放流されるようになっています。平野川を挟んで西側の森ノ宮地区は集合住宅の建ち並ぶ街並みで、中浜地区とは対照的です。

衛門橋の東詰には、延命地蔵尊が祀られた祠があります。関西では地蔵盆でお菓子などをお供えし、地区の子どもたちに分け与える貴重な風習があります。地区内には多くの地蔵尊が祀られています。この風習も地区のつながりを築く大切な行事です。

地点6（一時避難場所としての中浜公園）：中浜地区の北部の住民が一時避難場所として地震直後に集合する場所となっています。自治会の防災倉庫が置かれています。

地点7（地震時の火災発生と避難ルートを考える）：地震時に、地区の住民は、中浜中央公園、中浜公園、中浜小学校グラウンドに集合して、安否確認を行うことになります。その際、地区で火災が発生すると、避難路が断たれるだけでなく、避難場所に延焼してくる可能性もあります。住宅密集地域である中浜地区では、地震後の火の始末を住民自ら行うことが大切です。

地点8（土地区画整備された地区との比較）：今里筋を挟んだ東中浜地区は戦後の土地区画整理が行われた地域で、広い直線の街路と整った街並みとなっています。土地区画整理が行えなかった中浜地区との違いがわかります。

地点9（災害時避難場所としての大阪市立中浜小学校）：災害時に、住宅が大きな被害を受け、直後の生活ができなくなった中浜地区の住民の避難所として中浜小学校が指定されています。災害時に住民の安否確認を行うため、小学校のグラウンドは一時避難場所として位置づけられています。耐震補強された学校の校舎は、水害時避難ビルとなっています。道路に面した学校のフェンスには、避難所であるサインが多言語で示されています。近くの町会の掲示板には、水害時の浸水想定深が示されています。

資料2　防災まち歩き資料の例（堺市堺区防災まち歩き資料）

堺市堺区は、堺市の北西部の沿岸地域から三国ヶ丘の台地に至る地域です。低地と台地の境には上町断層が走り、この断層が引き金となって起こる上町断層地震では大きな揺れが想定される地域です。さらに区域西部の低地は地

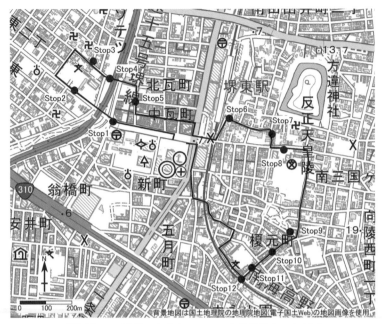

図資料 2-1　防災まち歩きのルートと見学地点の案内図
（国土地理院作成の地理院地図を利用）

震の際に揺れやすく、南海トラフ地震で発生した津波浸水が想定される地域
でもあります。区域の北側には大和川が流れ、大和川氾濫も警戒する必要が
あります。沿岸部は台風通過時の高潮浸水にも備えなければなりません。

　今回の防災まち歩きでは、堺区役所の周辺が図資料 2-1 です。歩きながら
災害にかかわる各種の事項を見て回り、みんなで災害にかかわるまちの再認
識を行いましょう。

Stop 1（阪神高速と土居川）：現在の阪神高速堺線は、かつての土居川を埋
　め立てられた所に走っています。この辺りは周辺に比べて低い土地で、集
　中豪雨の際に内水氾濫による浸水が起こりやすい箇所となっています。
Stop 2（熊野小学校）：熊野（ゆや）小学校は災害時避難場所・指定避難所・
　津波避難ビルを兼ねた施設となっています。正門には、それらのサインや
　南海トラフ地震の津波の浸水想定図面が掲示されています。

Stop 3（ブロック塀）：学校の周りのブロック塀は、フェンスなどに改められましたが、街中にはまだ、多くのブロック塀があります。地震時には、このようなブロック塀は倒れやすく、危険です。ブロック塀が倒れると道をふさいで、細い通路だと、通れなくなります。

Stop 4（土居川公園）：土居川は、かつての堺の町を取り囲んでいた掘割です。この辺りは、この川よりも西側が旧堺の町中となっていました。東側には明治ごろまでは三国の台地との間に、低地が広がり田んぼとなっていました。このような掘割を埋めた箇所は、地震時に地盤液状化の危険性があります。

Stop 5（商店街アーケード）：堺東駅前から西に延びる商店街となっています。いくつかの通りには、アーケードが設けられています。地震時にこのようなアーケードは破損することがあり。破損した部材が落ちてくることがあります。商店街の一部には、古い木造の建物が密集しているところもあります。このような個所では、地震後の火災発生を防ぐ必要があります。

Stop 6（上町断層の断層変位地形）：三国の台地の西端には南北に延びる活断層である上町断層が存在します。上町断層は東側の台地を隆起させています。この断層運動によって、台地の西端は台地の面が大きく西側に撓んでいます。三国ヶ丘高校あたりまで来ると、平坦な台地面が広がっています。

Stop 7（細い路地とブロック塀）：ここは、幅の狭い生活道路で、道路の脇にはブロック塀もあります。地震時に、このような通路はブロック塀の倒壊や家屋の倒壊で通れなくなる可能性があります。

Stop 8（三国ヶ丘高等学校）：三国ヶ丘高校も指定避難所の１つです。小学校は各地区の主要な避難所ですが、中学校や高等学校も避難所となり、災害時に活用できる施設となります。

Stop 9（榎元町公園）：この公園は台地を刻む谷にあり、かつて、ここにはため池がありました。そのため池を埋め立てて公園ができています。地区の一時避難場所となりますが、この場所は、地震時に、地盤液状化が発生する可能性があります。

Stop10（西高野街道（竹ノ内街道））：台地を刻む谷に沿って西高野街道が通っています。かつての街道筋なので、自然の谷に沿って湾曲した道になっているのがわかります。

Stop11（榎小学校）：三国の台地の上に位置する小学校で、地区の指定避難場所となっています。

Stop12（跨線橋）：南海高野線は、三国の台地の西側にあった小さな谷を利用して、その谷を掘り広げて線路を通しています。ここでは、南側に線路をわたる跨線橋があります。このような鉄道の線路は、地区を分けるバリアともなります。

資料3　まちたんけんワークシートの例（名古屋市瑞穂区）

　学校の近くのまち歩きから、災害に関わるいくつかの視点を学びましょう。「まちたんけん」では、下の図資料3-1に示すように、学校の南側の7つのポイントをめぐります。それぞれのポイントで課題を設定していますので、街のようすや地形、資料や掲示されているサインから読み取れることをもとに考えてみましょう。

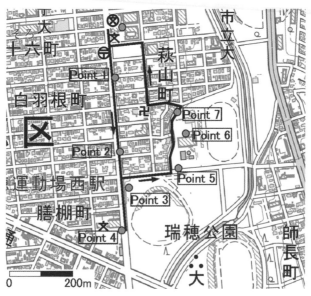

図資料3-1　まちたんけんのルートとポイント
（国土地理院作成の地理院地図を利用）

Point 1

課題 1-1：MUSUBOU-AR アプリで、アラートが鳴り始めました。地震の際に
　　この場所で起こる可能性のあることが AR モードで表示されています。何が
　　起こるのでしょう？次の１〜４のうち、正しいもの１つに○をつけましょう。

　　　　1. 浸水　　　2. 建物倒壊　　　3. がけ崩れ　　　4. ブロック塀の倒壊

課題 1-2：この場所で強い揺れを感じた時、皆さんはどうすればよいでしょうか？

Point 2

課題 2-1：Point 2 周辺の古い地形図と現在の地形図が下の図資料 3-2 です。
　　古い地形図と現在の地形図で、Point 2 の地表の高さ（標高）はそれぞれ
　　何メートルでしょうか？

　　古い地形図（　　　　　）メートル　現在の地形図（　　　　　）メートル

課題 2-2：古い地形図の作成された時から、現在までに土地はどのように変
　　化したのでしょう。次の１〜４のうち、正しいもの１つに○をつけましょう。

　　　1. 河川の浸食によって平らになった

　　　2. 河川の土砂が流れ込んで平らになった

　　　3. 宅地をつくるために人が土を盛ったり取ったりして、平らになった

　　　4. がけ崩れが起こって全体に低くなり、平らになった

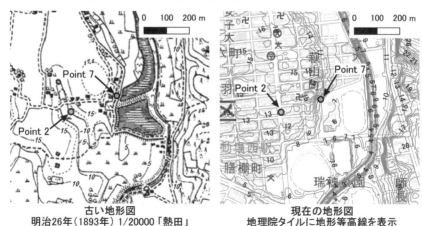

古い地形図
明治26年（1893年）1/20000「熱田」

現在の地形図
地理院タイルに地形等高線を表示

図資料 3-2　この地域の新旧地形図の比較

※ Point 2 のような箇所では、地下水が浅い位置にあると地震時に地すべりが起こって、宅地が変形し、建物や埋設管（水道管、ガス管、電線の菅など）が破損することがあります。

Point 3
課題3：瑞穂公園の入り口には、この公園が広域避難場所としてのサイン（看板）があります。この公園を避難場所として利用できるのは、どの災害の時でしょう。次の1〜4のうち、該当する災害をすべて選び、○をつけましょう。

    1. 地震 2. 河川 3. 土砂災害 4. 火災

Point 4
課題4：豊岡小学校は地区の指定避難場所となっています。学校の入り口には、そのサインがあります。どの災害の時に、この小学校を避難場所として利用できるのは、どの災害の時でしょう。次の1〜4のうち、該当する災害をすべて選び、○をつけましょう。

    1. 地震 2. 河川氾濫 3. 土砂災害 4. 火災

※避難場所によっては災害の種類によって、避難できる場所と、避難するのに適さない場所があることを知っておきましょう。

Point 5
ここには、公衆電話が設置されています。大きな災害が起こった時には、携帯電話での通話やインターネットが、つながらない場合があります。公衆電話は、そのような際にも、通話ができる場合が多く、災害時の連絡手段として活用できます。皆さんは、公衆電話を利用したことがありますか？

課題5：公衆電話から家に電話する手順はどの順でしょうか？

    1. 10円か100円を入れる 2. 電話番号を押す
    3. 受話器を取る   4. 発信音を確認する

Point 6
課題6：瑞穂公園には屋内プールがあります。大きな災害のとき、この施設

で利用できるものとして何がありますか？　どのように利用できるかを示しましょう。

Point 7

課題7-1：この場所は、地形の境界となっている場所で、坂道となっています。瑞穂公園の場所と、みなさんの学校のある場所はそれぞれどのような地形でしょう。次の4つの中から適切なものをそれぞれ選びましょう。

> 1. 山地　　　2. 丘陵地　　　3. 台地　　　4. 低地

※地形の境界はその多くが、土地の高低差が境界となっています。低地では、地震の揺れが大きく、河川氾濫・集中豪雨での浸水が発生しやすくなります。台地の端のがけや山地・丘陵地の斜面は、地震の揺れや強い雨によって崩れやすくなる場所です。

課題7-2：新旧地形図を比較すると、瑞穂公園内の屋内プールや陸上競技場は、明治時代には大きく状況が異なっていたことがわかります。この場所には、かつて何があったのでしょうか？

※このような場所は、地震の際に、地盤液状化が起こりやすい場所です。地盤液状化とは、地震の揺れによって、地下にある砂粒どうしの接点に働く摩擦力が減少し、砂の隙間にある水（地下水）とともに、泥水のような状態になる現象です。この地盤液状化が起こると、家が傾いたり、埋設管が破損したり、道路がデコボコになったりします。

資料4　地震時に安全な室内環境を考えよう
　　　ワークショップ（ワークシート）

Point 1

・寝る場所や座る場所、出入口付近には、なるべく家具を置かないようにする。
・廊下には家具を置かないようにする。
・窓際には重量物や転倒・落下・移動しやすい物を置かないようにする。
・住居内で、なるべく物を置かない安全スペースを作る（図資料4-1〜4-4）。

WS 自室のリスク点検

1. 配布されたワークシートに普段の生活で長い時間を過ごす部屋の家具を記入してください
2. 出入口や窓の位置、あなたや家族がよくいる場所も記入してください

図資料 4-1　地震時に安全な室内環境を考える 1

WS 自室のリスク点検

1. どの家具が転倒・落下しそうでしょうか
2. 危ない家具を赤バツをつけましょう
3. 避難経路を書き込んで、経路上の危険も確認しましょう

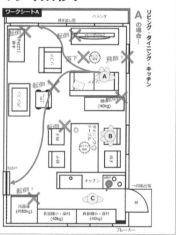

図資料 4-2　地震時に安全な室内環境を考える 2

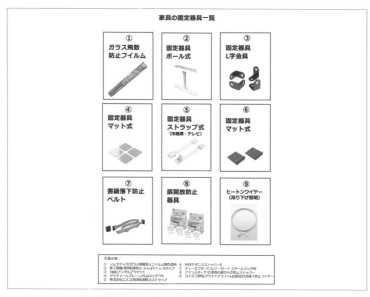

図資料 4-3　地震時に安全な室内環境を考える 3

図資料 4-4　地震時に安全な室内環境を考える 4

資料5　コミュニティのハザードと災害リスクを分析しよう（課題シート）

　「コミュニティのハザードと災害リスクを分析しよう」のプログラム修了後に受講生は次の課題を提出します。

　テーマは、「コミュニティに関わるハザードと災害リスク情報（社会要因）を調べてみましょう。」です。図資料5-1〜図資料5-5に課題シートの例を挙げます。

　ハザード：ハザードは自治体の防災マップ、ハザードマップなどで調べます。

　社会要因：国勢調査情報は小学校区、住宅・土地統計調査情報は、市、区および人口1万5000人以上の町村の結果まで入手できます。

　リスクマップ：コミュニティに関わる災害リスクを想像し、災害リスクマップを作りましょう。

　防災アクション：コミュニティに最適な防災アクションを考えてみましょう。

　スケジュール：防災アクションのスケジュールを具体的に計画しましょう。日時、機会（どのような場で）、人数、準備・用意、結果など、具体的にイメージすることが大切です。

ハザード分析のために必要な情報　　　　市区町村名：　　　　　お名前：

《地震》

震災	想定される地震	地震の規模	予想震度	津波	発生確率（30年以内）
内陸型					
内陸型					
内陸型					
内陸型					
海溝型					
海溝型					
液状化					

《水害》

想定される水害	河川名	浸水想定
外水氾濫		
外水氾濫		
外水氾濫		
高潮		
内水氾濫		

図資料 5-1　コミュニティのハザードと災害リスクを分析しよう課題シート 1

災害リスク分析のために必要な情報

社会要因項目 1		社会要因項目 2 ※	
人口（最新の国勢調査）（A）		住宅総数	
人口（最新より前の国勢調査）（B）		木造住宅率	
（B）-（A）		防火木造住宅率	
（昼間人口 / 人口）比率（最新）		鉄筋・鉄骨コンクリート造住宅率	
15歳未満人口（最新の国勢調査）		鉄骨造住宅率	
65歳以上人口（最新の国勢調査）		長屋率	
75歳以上人口（最新の国勢調査）		一戸建率	
世帯数（最新の国勢調査）（A）		10階建以下共同住宅率	
世帯数（最新より前の国勢調査（B）		11階建以上共同住宅率	
（B）-（A）		空き家率	

※最新の住宅土地統計調査、国勢調査で調べることができます。

図資料 5-2　コミュニティのハザードと災害リスクを分析しよう課題シート 2

コミュニティで想定される災害リスク

死亡	食料不足
負傷	水不足
建物全壊	医療品不足
建物半壊	医薬品不足
屋内被害	日用品不足
屋外被害	衣料品不足
床上浸水	ペット
床下浸水	
火災	
液状化	
コロナ感染	
病気	
感染症	
衛生不足	
連絡不足	
情報不足	
電車不通	
道路不通	
帰宅困難	
断水	
停電	
ガス停止	
電話不通	

災害リスク

被害大 頻度低い 頻度高い 被害小

図資料5-3　コミュニティのハザードと災害リスクを分析しよう課題シート3

コミュニティに最適な防災アクションプラン名：

1	コミュニティの優先的な防災課題	①	
		②	
		③	
2	コミュニティに最適な防災アクションの手法	①	
		②	
		③	
3	防災アクションの目的	①	
		②	
		③	
4	防災アクションのゴール	①	
		②	
		③	

図資料5-4　コミュニティのハザードと災害リスクを分析しよう課題シート4

コミュニティ防災アクションスケジュール

防災アクション名：

月日	機会	人数	内容・用意したものなど	結果

図資料5-5　コミュニティのハザードと災害リスクを分析しよう課題シート5

おわりに

　本書で紹介したコミュニティ防災人材育成プログラムを受講し、第3段階を修了された方々の中には、それぞれの地区で活動を始めたり、活動をより拡大して、地区の防災力向上に向けた継続的な取り組みを進めている方たちがいます。淀川区のPTA役員の女性は、PTA役員同士のまち歩きから、子供とともに「まちたんけん」の活動を行い、その活動が地区の自治会に認識され、現在、地区の自主防災組織の加わってその活動を支えられています。堺市堺区の防災士の地域防災サポーターの方は、これまで地域での具体的な関与の仕方に戸惑っていましたが、この人材育成プログラムを経て地域への関与を積極的に進められるようになりました。交通系企業の関係者は事業所内での防災対応へ向けた取り組みをはじめ、事業所周辺の防災まち歩きから災害リスクを認識し、今後、周辺の地域自治会との連携を深める検討を行っています。

　このように、この人材育成がある程度の効果を持っていることが見えてきました。

　まだ、この人材育成は、芽生えたばかりです。今後もこのプログラムを継続的に実施しながら、新たなコミュニティ防災人災を育み、そのネットワークを広げるとともに、育成プログラムの改善をめざします。

　このコミュニティ防災人材育成プログラム開発は、日本科学技術振興機構（JST）の社会技術研究開発センター（RISTEX）の「SDGsの達成に向けた共創的研究開発プログラム（SOLVE for SDGs）」の研究開発事業の支援を受けて進めてきました。実施期間の3年半の間、関正雄氏と川北秀人氏によるプログラム総括をはじめ、プログラムアドバイザーのみなさまには、多くの有益なご助言をいただき、研究開発をより良い方向へと導いていただきました。協働実施者の末村祐子大阪市住之江区長をはじめ住之江区役所の関係者には、新型コロナウィルス感染症まん延という状況の中、導入プログラムの小・中学校での実践的な試行やその効果評価を行っていただきました。公

立大学防災教育研究センター連携会議に参画いただいている各大学関係者には、全国展開の足掛かりとして展開する地域のご検討をいただき、熊本県立大学の北原昭男教授と柴田祐教授、新潟県立大学の関谷浩史准教授、名古屋市立大学の三浦哲司准教授には地域展開へ向けた具体的なご協力をいただきました。日本科学技術振興機構（JST）の事務局の皆様、大阪公立大学関係者の皆様にも多くのご支援をいただきました。

　皆様に深く感謝申しあげます。

122

【執筆者紹介】

三田村 宗樹　（みたむら むねき）

大阪公立大学都市科学・防災研究センター副所長、理学研究科教授、博士（理学）

重松 孝昌　（しげまつ たかあき）

大阪公立大学都市科学・防災研究センター所長、工学研究科教授、博士（工学）

生田 英輔　（いくた えいすけ）

大阪公立大学都市科学・防災研究センター専任教員、現代システム科学研究科教授、博士（学術）、
一級建築士、防災士

吉田 大介　（よしだ だいすけ）

大阪公立大学都市科学・防災研究センター兼任研究員、情報学研究科准教授、
博士（創造都市）、防災士

増田 裕子　（ますだ ひろこ）

大阪公立大学都市科学・防災研究センターコーディネーター、防災士

2024 年 3 月現在

大阪公立大学出版会（OMUP）とは

本出版会は、大阪の５公立大学－大阪市立大学、大阪府立大学、大阪女子大学、大阪府立看護大学、大阪府立看護大学医療技術短期大学部－の教授を中心に2001年に設立された大阪公立大学共同出版会を母体としています。2005年に大阪府立の４大学が統合されたことにより、公立大学は大阪府立大学と大阪市立大学のみになり、2022年にその両大学が統合され、大阪公立大学となりました。これを機に、本出版会は大阪公立大学出版会（Osaka Metropolitan University Press「略称：OMUP」）と名称を改め、現在に至っています。なお、本出版会は、2006年から特定非営利活動法人（NPO）として活動しています。

About Osaka Metropolitan University Press (OMUP)

Osaka Metropolitan University Press was originally named Osaka Municipal Universities Press and was founded in 2001 by professors from Osaka City University, Osaka Prefecture University, Osaka Women's University, Osaka Prefectural College of Nursing, and Osaka Prefectural Medical Technology College. Four of these universities later merged in 2005, and a further merger with Osaka City University in 2022 resulted in the newly-established Osaka Metropolitan University. On this occasion, Osaka Municipal Universities Press was renamed to Osaka Metropolitan University Press (OMUP). OMUP has been recognized as a Non-Profit Organization (NPO) since 2006.

コミュニティ防災 人材育成プログラム入門

2024年3月25日	初版第1刷発行
2024年6月4日	初版第2刷発行

著　　者　　三田村宗樹・重松孝昌・生田英輔・
　　　　　　吉田大介・増田裕子

発 行 者　　八木　孝司

イラスト　　よしだゆうこ

発 行 所　　大阪公立大学出版会（OMUP）
　　　　　　〒599-8531　大阪府堺市中区学園町１－１
　　　　　　大阪公立大学内
　　　　　　TEL　072(251)6533
　　　　　　FAX　072(254)9539

印 刷 所　　石川特殊特急製本株式会社

©2024 by UReC
ISBN978－4－909933－71－3